Friedrich G.E. Barth

Versuch einer Landes und Regentengeschichte

der beyden Fränkischen Fürstenthümer Baireuth und Anspach von den ältesten

bekannten Bewohnern dieser Lande bis auf gegenwärtige Zeiten

Friedrich G.E. Barth

Versuch einer Landes und Regentengeschichte
der beyden Fränkischen Fürstenthümer Baireuth und Anspach von den ältesten bekannten Bewohnern dieser Lande bis auf gegenwärtige Zeiten

ISBN/EAN: 9783743623774

Hergestellt in Europa, USA, Kanada, Australien, Japan

Cover: Foto ©ninafisch / pixelio.de

Weitere Bücher finden Sie auf **www.hansebooks.com**

Versuch
einer
Landes- und Regentengeschichte
der beyden
Fränkischen Fürstenthümer
Baireuth und Anspach
von den
ältesten bekannten Bewohnern dieser Lande bis auf gegenwärtige Zeiten.

Hof,
bey Gottfried Adolph Grau.
1795.

Vorrede.

Keinem wahren Verehrer seines Vaterlandes kann die Geschichte desselben gleichgültig seyn.

Er wird sich gerne mit den merkwürdigsten Begebenheiten, die sich darinnen zugetragen, mit den verschiedenen Völkern, die es bewohnten, mit den Veränderungen in Religion,

Sitten und Charakter, so wie mit den Thaten seiner Voreltern bekannt machen, und die Betrachtung derselben wird ihm nicht nur Vergnügen machen, sondern auch lehrreich seyn.

Noch haben wir aber kein Buch, welches zu dieser Absicht brauchbar wäre, und die Geschichte dieser beiden Fürstenthümer aus guten Quellen bearbeitet, in einem lesbaren Stile vortrüge; denn die ältern Geschichten, die wir davon haben, enthalten größtentheils nur Bruchstücke, ohne Ordnung vorgetragen, nichts Vollständiges, und bey nur wenigen darf man sich auf die Richtigkeit ihrer Nachrichten verlassen; es ist daher sehr zu bedauern, daß in neuern Zeiten so manche gelehrte Männer in unseren Lande, die alle Fähigkeiten und Mittel dazu hätten, sich nicht schon früher an eine solche Arbeit gemacht haben.

Zwar hat die Geschichte unseres Vaterlandes seit einiger Zeit durch die Bemühungen verschiedener Gelehrten manche Aufklärung erhalten, allein so schätzbar und wichtig diese auch sind, so geben sie doch noch nichts Vollständiges, und bleiben nur Bruchstücke, die für den Gelehrten und Geschichtsforscher brauchbar sind.

Ich habe es daher unternommen, die Geschichte dieser beiden Fürstenthümer zu schreiben, und wage es diesen Verſuch dem Publikum vorzulegen.

Die Quellen, welche ich dabei benutzte, ſind zum Theil in den Anmerkungen angezeigt, andere Hülfsmittel erhielt ich durch Unterſtützung gelehrter Gönner und Freunde aus den Archiven, und durch Nachforſchen in Aemtern und Pfarreien, und dieſen ungedruckten Quellen habe ich manche wichtige Erläuterungen zu danken.

Dem Geſchichtskenner iſt es hinlänglich bekannt, mit welchen Schwierigkeiten man bei Bearbeitung eines ſolchen Werks zu kämpfen hat, wie viele Mühe man anwenden muß, die oft ganz widerſprechenden Nachrichten älterer und neuerer Schriftsteller über einzelne Begebenheiten zu vereinigen und das Wahre derselben herauszubringen.

Besonders schwebt die Geschichte mancher einzelnen Orte noch so in Dunkelheit, daß man auch bei den mühsamsten Nachforschungen zu keiner völligen Gewißheit kommen kann.

Ich weiß daher wohl, daß meine Arbeit noch manche Unvollkommenheiten und Mängel hat, und ich werde Belehrungen darüber von Kennern mit Dank annehmen.

Noch muß ich bemerken, daß viele Druckfehler, besonders in den erstern Bögen, vorkommen, die ich

nicht hindern konnte, da ich
fernt vom Druckorte war, die w
tigſten, die den Sinn entſtellen, n
den zu Ende des Buchs ange҄
werden, minder bedeutende bitte
den geneigten Leſer ſelbſt zu verbeßer

F. G. E. B.

Erster Abschnitt.

Aelteste Geschichte dieser Lande bis auf die ersten Burggrafen aus dem Hause Hohenzollern, oder bis aufs Jahr 1160.

Die ältesten bekannten Bewohner, der zu dem Burggrafthum Nürnberg gehörigen Lande waren die Narisker, Haruden, Sedusier und Hermunduren *). Die Narisker hatten ihre Wohnsitze vorzüglich in heutigem Voigtlande, die Sedusier im Unterlande, die Haruden im Anspachischen, und die Hermunduren in den Gegenden von Bayreuth, Culmbach

Erste bekannte Einwohner.

---

*) Reinhards Historie des Königl. und Fürstl. Hauses Brandenburg pag. 1. 2c., Oetters Sammlung historischer Nachrichten p. 116 bis 126.

**Völker-
wanderung**

und Creußen, und um die Stadt Nürnberg, bis gegen Schwaben. Von der ältesten Geschichte dieser Völker ist uns wenig bekannt. Zu den Zeiten der Völkerwanderung verließen auch sie ihren rauhen Himmelsstrich, um sich mit andern deutschen Völkern, in den fruchtbaren Gefilden Italiens, einen angenehmeren Wohnsitz mit dem Waffen zu erkaufen. Andere deutsche Nationen ließen sich nun in den verlaßnen Gegenden nieder, und diese wurden wieder von andern verdrängt. Aus dem entfernten Norden strömten sklavische Völkerschaften hervor, und drangen unter andern auch in Deutschland ein, und ließen sich in Böhmen nieder, von wo aus sie sich auch in Franken immer mehr ausbreiteten.

Andre Völker in diesen Landen.

Thüringer, Baiern, Franken.

Die ersten bekannten Völker, die sich in diesen Landen auf der großen Völkerwanderung niederließen, waren die Thüringer. Diese mußten aber bald der mächtigern Nation der Franken weichen, einem Volke, das seinem Ursprunge nach ganz unbekannt ist *) und welches zuerst durch seine Kriege am Rhein, wo es seine Wohnsitze hatte, bekannt wurde, und sich nachmals immer weiter ausbreitete. Ihr großer König Klodwig eroberte gegen das Ende des fünften Jahrhunderts Gallien, stiftete daselbst eine Monarchie, und nahm im Jahr 496. das Christenthum an. Sein Sohn und Nachfolger Theodorich oder Dietrich breitete seine Herrschaft auch in Deutschland immer weiter aus, und bezwang im dritten decennio des sechsten Jahrhunderts auch die Thüringer. Die Franken ließen sich nun selbst in den eroberten Provinzen häufig nieder, so daß diese zum Unterschiede von Westfranken oder Frankreich den Namen Ostfranken erhielten. Auf ihre Erlaubniß wählten sich auch verschiedene Stämme der benachbarten Baiern hier ihre Wohnplätze, und so wurde un-

*) Indem sie nach dem Zeugniß eines alten Schriftstellers von sich selbst sagten, daß sie Gott unmittelbar zu ihrem Urheber hätten. (Gens Francorum inclyta auctore Deo condyta.)

ser Vaterland von diesen dreien Völkern bewohnt. *)

Carl der Große. Aber unter der Regierung des Königs der Franken, Carls des Großen, empörten sich die Thüringer und bald nach diesen auch die Baiern unter Anführung ihres Herzogs Thassilo. Carl brachte sie zwar bald mit den Waffen in der Hand wieder zur Unterwürfigkeit, um aber dergleichen Unruhen für künftig vorzubauen, vertheilte er die unruhigsten Köpfe in seine andern Provinzen, und räumte ihre Wohnsitze Franken ein. **)

Dieser große Monarch setzte hierauf seine Eroberungen immer weiter fort, drang nach der Bezwingung des von seinen Vorfahren noch unbesiegten Theils von Deutschland und Gallien auch in Italien ein, und warf das Longobardische Reich über den Haufen. Zu Rom setzte

*) Reinhard l. c. p. 2. und ebendesselben Geschichte der Deutschen p. 48. ꝛc.

**) iisdem locis.

ihm der Pabſt Leo III. am Weihnachts-
feſte des Jahrs 800. in der Peterskirche
eine prächtige Krone auf, und das Volk
erklärte ihn unter dreimaligen lauten Zu-
rufen: Carolo Augusto a Deo coronato,
magnoet pacifico Imperatori Romano-
rum, Vita et Victoria, zum Römiſchen
Kayſer.

Carl, der nach und nach faſt das hal- *Urſprung der Fürſten in Deutſch-land.*
be Europa unter ſeine Bothmäßigkeit ge-
bracht hatte, konnte ſeine weitläuftigen
Beſitzungen unmöglich allein überſehen.
Er ſetzte daher zu verſchiedenen Aemtern
die verdienteſten Männer ein, als: zu
Herzogen, Markgrafen, Pfalzgrafen,
Burggrafen und anderen. Dieſe vornehmen Kaiſerlichen Beamten bekamen öfters, wenn ſie dem Staate wichtige
Dienſte geleiſtet hatten, zur Belohnung
derſelben ganze Diſtrikte Landes, welche
ſie, jedoch ſtets unter der Oberherrſchaft
des Kaiſers regieren und die Einkünfte
davon einnehmen durften. Oefters genoß
der Sohn noch das Verdienſt ſeines Va-

ters, und erhielt dessen Lande vom Kaiser zu Lehen. Da nun dieses häufig geschah, und manche Fürsten sogar erblich belehnt wurden, so entstand aus dieser Gewohnheit ein Gesetz, und der Sohn war bereit, das Land, welches sein Vater besessen hatte, mit den Waffen in der Hand zu behaupten. Die ohnmächtigen Kaiser, die mit ihrem Eigenthum allzu freigebig waren, und von heiligem Eifer entbrannt, öfters ganze Provinzen der Kirche schenkten, sahen sich endlich so von Land und Leuten entblößt, daß sie den Fürsten die Landeshoheit, das Erbrecht und andre Freiheiten einräumen mußten.

Entstehung der Stadt und des Burggrafthums Nürnberg. So gieng es auch mit dem Burggrafthum Nürnberg, dessen Entstehung und älteste Geschichte kürzlich folgende ist. *)

Schon Carl der Große setzte in die

---

*) vide Stübner 2. diss. de Burggraviatu Norimbergensi. Sagittarii Historia antiqua Norimbergae. Seidels kurze Abhandlung von Burggrafthum Nürnberg. Großens Brand. Landes- und Regentenhistorie. p. 1 — 35.

Gegend von Nürnberg einen Kriegserfahrnen Mann, um die Wenden, die sich in den dortigen Wäldern häufig aufhielten, und von Raub lebten, im Zaume zu halten. Dieser führte aber noch nicht den Titel eines Burggrafen von Nürnberg, sondern eines Schirmvoigts gegen die Wenden.

Ein gewisser Audulf soll der erste Schirmvoigt gewesen seyn; es läßt sich aber von diesen Schirmvoigten aus Mangel zuverläßiger Nachrichten gar nichts gewisses sagen.

Der Titel Burggraf von Nürnberg kommt aber in der Geschichte nicht eher vor, als unter den Sächsischen Kaisern. Die nachmahls so berühmte Sadt Nürnberg war zu Carl des Großen Zeiten nur noch ein Dorf. Ueberhaupt waren zu Carl des Großen Zeiten nur wenige feste Orte in Deutschland, denn die Tapferkeit, ja schon der Ruhm dieses großen Monarchen, hielt alle Angriffe seiner unruhigen

Nachbarn zurück. Aber unter seinen schwachen Nachfolgern beunruhigten diese unaufhörlich das ihnen verächtlich gewordene Deutsche Reich durch ihre Einfälle. Ja der Kaiser Arnulph begieng sogar die Schwachheit, die Ungarn gegen dem Böhmischen König Zwendobold zu Hülfe zu rufen. Diese befreieten ihn zwar von den Böhmen, fielen aber von der Zeit an selbst in Deutschland ein, und richteten darinn durch ihre häufigen Streifereien große Verwüstungen an. Zwar zeugte das mit den Leichnamen der Ungarn übersäete Schlachtfeld von Merseburg von der Ueberlegenheit der deutschen Truppen, und von der Tapferkeit Heinrich des Finklers, aber schon unter seinem Sohne und Nachfolger Otto dem Grosen drangen die wilden Horden der Ungarn aufs neue in Deutschland ein, und wo sie nur hinkamen, ließen sie die traurigsten Spuren ihrer Verwüstungen zurück. Ihre Heere drangen durch Mähren und Böhmen bis nach Franken und Baiern vor, und zerstörten unter andern im Jahr 954. das Kloſter Wülzburg im Nordgau. *) Aber auf dem Lechfelde ohnweit Augsburg wurden ſie von dem Kaiſer an der Spitze eines muthigen und im Kriege geübten Heeres ſtandhaft empfangen, und erlitten eine blutige Niederlage. Dieſer entſcheidende Sieg ſchafte zwar dem deutſchen Reiche Sicherheit vor Angriffen und Einfällen der Ungarn; man konnte aber dennoch nicht wiſſen, wie lange dieſe Sicherheit dauern würde. Um daher auf immer zu verhüten, daß nicht jede wilde Horde Deutſchland von einem Ende zum andern unaufgehalten verwüſten möge, fieng ſchon Heinrich der Finkler, und beſonders ſein Nachfolger an, die größeſten und wichtigſten Orte zu beveſtigen. Zwar beſtanden die ganzen Feſtungswerke in weiter nichts, als einer Mauer und Graben, und höchſtens einigen Thürmen, doch dienten ſie, einem plötzlichen Anlauf abzuhalten. Dieſem

*) Dieſes Kloſter ſtand, wo jetzt die Feſtung gleiches Namens im Anſpachiſchen ſteht, die auch ihren Namen von demſelben hat, wie wir nachher hören werden.

Beispiele folgten bald alle Fürsten, so daß endlich fast jeder nur mittelmäßige Ort mit Mauern und Thoren versehen wurde, daher man einen Ort ohne Mauern, wenn er auch übrigens beträchtlich war, wie z. B. Bamberg, nur ein Dorf nannte.

Um diese Zeit nun wurde auch die Stadt Nürnberg erbaut. Der Ursprung dieser Stadt wird von den Geschichtschreibern sehr unterschieden angegeben. *) Einige behaupten, der Römische Feldherr Nero Drusus habe an den Platz, wo jetzt Nürnberg steht, eine Warte errichten lassen, und sie Neronsburg genannt, daraus denn der Name Nürnberg entstanden sey. Diese Meinung ist aber offenbar falsch, indem Drusus gar nicht bis in diese Gegend gekommen, und vom Rhein her nicht weiter als bis ins heutige Würzburg vorgedrungen ist. Auch

―――――――――
*) Sagittarii Hist. Norimb. Harles de Originatione vocabuli Nurenb. Wagenseil de civitate Norimbergensis. Roeder de ortu et progressu civitatis Norimbergensis.

Carl der Große hat diese Stadt nicht erbaut, wie andre glauben. Zwar stand damals schon Nürnberg, war aber nur noch ein Dorf, welches nach und nach zu einem Flecken anwuchs, der dann nach einigen unter Conrad I., nach andern erst unter den Sächsischen Kaisern zu einer Stadt gemacht, und ein Burggraf dahin gesetzt wurde. Welcher Kaiser dieses gethan, und wer der erste Burggraf gewesen sey, ist ungewiß, weil keine zuverläßige Nachrichten hiervon vorhanden sind.

Unter dem Kaiser Conrad II. mit dem Beinamen Salicus wurde Nürnberg eine freie Reichsstadt, und nach einigen soll er auch den Schirmvoigten zuerst den Titel Burggrafen ertheilt haben. *Aelteste Geschichte des Burggrafthums.*

Vor dem Hohenzollerischen Stamme besaßen mehrere Familien das Burggrafthum. *) Unter dem Kaiser Heinrich IV. soll es die Familie der Grafen von Voh-

*) Siehe Gros l. c. p. 36 — 53.

burg befeſſen haben, die auch zugleich Markgrafen von Cham, Neumark und Bogen waren, auch Eger und andere Lande beſeſſen haben ſollen. Da Heinrich IV. von ſeinem ungehorſamen Sohne, dem nachmaligen Kaiſer Heinrich V., bekriegt wurde, flüchtete er ſich nach Nürnberg, wo ihn der Sohn im Jahr 1105. belagerte, aber zurückgeſchlagen und vom Vater bis nach Regensburg verfolgt wurde. Im folgenden Jahre belagerte er Nürnberg zum zweitenmal. Aber der damalige Burggraf Gottfried von Vohburg, nach andern von Zollern, vertheidigte die Stadt mit großer Tapferkeit, und übergab ſie nicht eher, als auf Befehl des alten Kaiſers ſelbſt, welcher beſorgte, ſein Sohn möchte, wenn er die Stadt mit Gewalt erobern würde, dieſelbe übel behandeln laſſen.

Unter allen Kaiſern war keiner, der Stadt Nürnberg ſo günſtig, als Konrad III. aus dem Hauſe Hohenſtauffen, welcher ſich die Vergrößerung und Ausschmückung derselben besonders angelegen seyn ließ.

Dieser Kaiser soll auch das Kaiserliche Landgericht zu Nürnberg angeordnet haben. Dieses ehemals so große Recht der Burggrafen, welches zu so vielen blutigen Kriegen mit den benachbarten Fürsten und Städten Anlaß gab, ist in der Geschichte unsrer beyden Fürstenthümer zu merkwürdig, als daß wir nicht dessen Ursprung, Geschichte und Rechte hier kürzlich einschalten sollten. *)

Es war dieses Kaiserliche Landgericht ein großes Vorrecht der Burggrafen von Nürnberg, vermöge dessen sie fast alle Reichsfürsten in Franken, Baiern, Schwaben und am Rhein, wenn sie bei ihnen verklagt würden, vor sich nach Nürnberg zur Verantwortung laden durften. Der Vorgeladene war verbun-

Kaiserliches Landgericht zu Nürnberg.

―――――――
*) Hierüber siehe Jung von, der Comitia a Burggraviae, und vom Kaiserlichen Landgericht, und ebendess. Grundveste der Hoheit des Kaiserlichen Landgerichts Burggrafthums Nürnberg.

den zu erscheinen, und sich dem Ausspruche des Burggrafthums, als des Kaisers selbst, zu unterwerfen. Wer nicht auf wiederhohltes Vorladen erschien, oder sich dem Ausspruche widersetzte, wurde vom Burggrafen in die Acht erklärt, und diese eben so angesehen, als hätte sie der Kaiser selbst verhängt.

Dieses Kaiserliche Landgericht wurde Anfangs zu Nürnberg, und zwar in der denen Burggrafen gehörigen Vorstadt Wöhrd gehalten. Aber im Jahr 1349. erhielten die Burggrafen vom Kaiser Carl IV. die Freiheit, es auch zu Cadolzburg halten zu dürfen. Im Jahr 1386. verlängten sie es nach Neustadt an der Aisch mit Bewilligung des Kaisers Wenzel, und endlich in den neuern Zeiten nach Anspach, wo es seinen Sitz noch hat. Anfangs wurde dasselbe von den Burggrafen in eigner Person verwaltet. Da sich aber nachmals ihr Gebiet, und dadurch auch ihre Geschäfte erweiterten, so brachten sie im Jahr 1348.

vom Kaiſer Carl IV. die Erlaubniß heraus, das Landgericht mit einem Ritter beſetzen zu dürfen, der an ihrer ſtatt richte. Der erſte Landrichter war Konrad von Ask.

Dieſes Kaiſerliche Landgericht wurde den Burggrafen mit allen Rechten und Freiheiten im Jahr 1273. und 1281. vom Kaiſer Rudolph I., im Jahr 1300. vom Kaiſer Albert I., im Jahr 1310. vom Kaiſer Heinrich VII., im Jahr 1328. vom Kaiſer Ludwig dem Baiern, im Jahr 1456. und 1488. vom Kaiſer Friedrich III. und von vielen andern Kaiſern beſtätigt. Da verſchiedene Stände Befreiungsbriefe von der Unterwürfigkeit unter dieſes Gericht ausgewürkt hatten, ſo wurden dieſelben nebſt allen, was der Hoheit dieſes Gerichts Nachtheil bringen könnte, vom Kaiſer Ludwig dem Baiern im Jahr 1347., vom Kaiſer Friedrich III. im Jahr 1454. und 1456. und vom Kaiſer Carl V. im Jahr 1541. widerrufen und getödet. Auch von den

Eingriffen andrer Gerichte wurde dieses Landgericht zu Nürnberg durch die Vorsorge der Kaiser geschützt. Im Jahr 1357. ertheilte Carl IV. dem Landgerichte zu Sulzbach Befehl, daß es der Burggrafen Leute und Unterthanen nicht vor sich laden sollte, und im Jahr 1363. gab er fernern Befehl, daß die Burggrafen und alle ihre Unterthanen vor kein andres, als ihr eignes Gericht, gefordert werden sollten, sub poena nullitatis und 1000. Mark löthigen Goldes. Dieses bestätigte Kaiser Friedrich III. im Jahr 1471. gegen die Anmassungen des Hofgerichts zu Rotweil und andrer Gerichte in Franken und Schwaben, und hierauf Kaiser Carl V. im Jahr 1521.

Da sich im Jahr 1460. der Herzog Wilhelm von Sachsen und andre Stände dem Kaiserlichen Landgerichte widersetzten, so blieb es lange Zeit liegen, bis der Kaiser Friedrich III. im Jahr 1488. den Befehl an die Burggrafen ergehen ließ, dasselbe wieder aufzurichten, wie es es vorher gewesen, und daß sich niemand demselben bei Strafe 1000. Mark löthigen Goldes widersetzen sollte. Die beiden Markgrafen Friedrich der ältere und Sigismund brachten es daher zwar wieder in Gang, aber das Ansehen desselben sank von der Zeit an immer mehr. Ein Reichsstand nach dem andern entzog sich dessen Gerichtsbarkeit, und da es nach des Kaisers Carl V. Zeiten von den Kaisern gar nicht mehr unterstüzt wurde, so verlohren die Markgrafen endlich ihr Recht ganz und gar. Es hat zwar gegenwärtig noch seinen Sitz zu Anspach, und hat einen Landrichter nebst sechs Beisitzern, ist aber weiter nichts, als das höchste Appellations-Gericht in den beiden Fürstenthümern Baireuth und Anspach.

Doch wir kehren nach dieser nothwendigen Ausschweifung zum Verfolg unsrer Geschichte zurück. Die Vohburgische Familie war die letzte, die vor dem Hohenzollerischen Hause das Burggrafthum

Das Burggrafthum Nürnberg kommt an die Grafen v. Zollern.

Nürnberg besaß. Da aber diese unter der Regierung Friedrichs I. Barbarossa ausstarb, so belehnte dieser Kaiser den Grafen Conrad von Zollern wegen seiner nahen Anverwandschaft sowohl mit dem verstorbenen Grafen von Vohburg, als auch mit dem Kaiser selbst, mit dem erledigten Burggrafthum *).

<small>Religionsgeschichte dieser Lande bis auf die Grafen v. Zollern.</small> Ehe wir aber zu dem zweiten Abschnitte übergehen, müssen wir erst zuvor von der Ausbreitung der Christlichen Religion in diesen Gegenden etwas sagen. **)

Obgleich durch den Umgang mit den Römern schon viele Bewohner dieser Lande zum Christenthume bekehrt wurden, so behielt doch das Heidenthum noch immer die Oberhand, bis endlich die Fränkischen Könige nach der Eroberung derselben die Einwohner, theils durch Güte theils mit Gewalt, zum Christenthume

---

*) Groß l. c. p. 42.

**) Reinhards Brandenburg. Geschichte p. 28/30.

bekehrten. Sie ließen zur Beveſtigung und immer weitern Ausbreitung deſſelben in den Rednitz und Maingegenden 14. Kirchen erbauen, und darinnen die Leute im Chriſtenthume unterrichten. Um das Jahr 715. wurde daſſelbe, durch die Bemühungen des heiligen Bonifacius, des heiligen Wunnibalds und des heiligen Willibald, und ſeiner Schweſter der heiligen Walpurgis, immer weiter ausgebreitet und durch verſchiedene geiſtliche Stiftungen beveſtigt. Unter dieſelben gehört vorzüglich das im Jahr 750. vom heiligen Wunnibald zu Heidenheim geſtiftete Benedictiner-Kloſter. Um eben dieſe Zeit ſtiftete Gumbrecht, Stammvater der Grafen von Rothenburg, das von ihm benannte Kloſter, welchem die Stadt Anſpach ihren Urſprung zu danken hat.

Er übergab es Carl dem Großen, welcher es mit verſchiedenen Privilegien begnadigte, davon eines vom Jahr 786. noch vorhanden ſeyn ſoll. Eben dieſer

Gumbrecht soll auch das Kloster Wilzburg gestiftet haben. Es starb derselbe am 14ten März in einem unbekannten Jahre. Sein Sterbetag wurde hernach mit Vortragung seines Hauptes, durch eine feierliche Proceßion in die, im Jahr 1139. schon gestandene Pfarrkirche zu Anspach, gefeiert. Bald nach der Stiftung des St. Gumbrecht-Klosters stiftete der heilige Solanin oder Sola das Kloster zu Solenhofen. Im Jahr 792. legte Carl der Große das Stift zu Feuchtwang an. Im Jahr 958. stiftete Hartmann von Lobeburg das Kloster Auhausen.

Im Jahr 992. erbauete der Bischoff Bernhard von Würzburg zwei Kirchen für Wallfahrende, und nannte den Ort wo sie standen, Bernhardsburg, daraus denn das jetzige Burgbernheim entstanden ist. Von Adelbert von Steinach ward zu Anfang des 11ten Jahrhunderts das Kloster Münchsteinach, und vom Grafen Goswin im Jahr

1130. das Benedictiner-Kloster Mönch-aurach gestiftet. Bald darauf im Jahr 1132. stiftete Bischof Otto von Bamberg, ein gebohrner Graf von Andechs das Kloster Heilsbronn.

Zweiter Abschnitt.

Regierung der Burggrafen Conrad I., Friedrich I., Conrad II. und Friedrich II. vom Jahr 1160 — 1269.

Conrad I. 1160 - 1204. Nach Aussterben der Grafen von Vohburg wurde, wie schon oben erwähnt worden ist, Conrad I. Graf von Hohenzollern, vom Kaiser Friedrich I. ums Jahr 1160. mit dem Burggrafthume Nürnberg belehnt. Das ganze Gebiet eines damaligen Burggrafen bestand in den Nürnbergischen Vorstädten Wöhrd und Gostenhof, dem Dorfe Buch und einigen Mühlen und Weilern. *) Jedoch zogen sie aus dem Burggräflichen Amt und aus dem weitläuftigen Territorio, das ihrer Jurisdiction unterworfen war,

---

*) Groß, l. c. p. 61. ꝛc. und Gabenhams gegründete Nachricht von den Erbämtern des Burggrafthums Nürnberg.

beträchtliche Einkünfte. Sie residirten damals auf ihrer Burg oder festen Schloße in der Stadt Nürnberg. Von dem ersten Zollerischen Burggrafen Conrad I. haben uns die Geschichtschreiber sehr wenige Nachrichten ertheilt. Er hatte sich schon als Graf von Zollern mit einer Gräflich Vohburgischen Prinzeßin vermählt, deren Schwester Adelheid Friedrichs Barbarossa Gemahlin war. Mit derselben zeugte er eine Tochter, Barbara, die sich mit dem Grafen Heinrich von Schwarzburg vermählte, und einen Sohn, Friedrich, der ihn nach seinem im Jahr 1204. erfolgten Todte in der Regierung folgte. *)

Auch von diesem Burggrafen hat uns die Geschichte sehr wenig aufbewahrt. Als Kronprinz wohnte er dem großen Turnier zu Nürnberg bei, welches Kaiser Heinrich VI. im Jahr 1197. anstellte, auf

Friedrich
1204 —
1218.

*) von Falkensteins Nordgauische Alterthümer, Pars III. p. 90. x.

welchen 42. Fürsten und Grafen und in
allen 620. Helme gezählt wurden. *)

Er brachte das Kloster Hailsbronn unter seinen Schutz, und das herumliegende Land unter seine Bothmäßigkeit, und erhielt dadurch den ersten Zuwachs zum Burggräflichen Gebiet. **) Dieses ist alles, was wir von diesem Burggrafen wissen. Er starb im Jahr 1218. und hinterließ seinen beiden, mit Sophia, des Markgrafen Otto von Meißen Tochter,

*) Falkenstein l. c. Tom. III. p. 98.

**) Dieses für unser Land so merkwürdige Kloster hat seine Entstehung einem Herrn von Heydeck zu danken, der daselbst wegen des ehemaligen sehr heilsamen Gesundbrunnens eine Capelle bauen ließ. Da nun in dieselbe von den Wallfahrenden sehr reichliche Stiftungen gemacht wurden, so errichteten der Bischoff Otto von Bamberg, ein gebohrner Graf von Andechs, und die Brüder Rapotho und Conrad, Grafen von Abensberg, im Jahr 1132. daselbst ein Mönchs Cistertzienserkloster, darinn sich 72. Mönche befanden. Was mit diesem Kloster nachmals für Veränderungen vorgenommen worden, wird im Verfolg dieser Geschichte weitläuftiger erzählt werden. Mehrere Nachrichten hiervon sind in Hockers Hailsbronner Antiquitätenschatz zu finden.

gezeugten Söhnen, Conrad II. und Friedrich II. die Regierung, die sie auch bis an ihr Ende in größter Eintracht gemeinschaftlich führten. *)

Sie erkauften im Jahr 1235. die Herrschaft Virnsberg vom Grafen Gottfried von Hohenlohn, **) und im Jahr 1259. die Orte Eggenhausen, Ebenhof und Dachstetten von Albrecht und Ludwig Herren von Uffenheim für 550. Pfund Heller. ***) Friedrich erbte auch durch seine Gemahlin einer Gräfin von Abensberg, nach dem Aussterben dieser Grafen im Jahr 1230. ihre ansehnlichen Besitzungen. ****) Burggraf Friedrich starb im Jahr 1260. und hinterließ seinem Sohn Conrad III. die Regierung, die er ge-

Conrad II. und Friedrich II. 1218. — 1269.

---

*) Siehe Hockers Hailsbronner Antiquitätenschatz p. 2.

**) S. Oetters numism. Gesch. des Burggrafthums Nürnberg, Theil 1. p. 292.

***) den Kaufbrief siehe loco eodem p. 304.

****) Groß l. c. p. 74.

meinschaftlich mit seinem Onkel Conrad II. antrat.

Conrad II. war besonders ein Herr von großer Klugheit und Tapferkeit und stand daher auch bei dem Kaiser Friedrich II. aus dem Hause Hohenstauffen in großem Ansehen. Dieser ernannte ihn nicht nur zum Großhofmeister und Geheimenrathe seines Sohnes Heinrich Königs von Deutschland und Sicilien, sondern auch zu seinem eignen Feldobersten, und im Jahre 1237. zum Statthalter der Oestreichischen Lande wider den in die Acht erklärten Herzog Friedrich den Streitbaren (bellicosum). Dieser hatte nemlich, da der Kaiser in den Lombardischen Krieg verwickelt war, allerlei Händel mit den benachbarten Böhmen und Baiern angesponnen. Da ihn nun deswegen der Kaiser auf einen Hoftag zur Verantwortung vorlud, weigerte er sich zu erscheinen. Er wurde daher in die Acht erklärt, und vom Kaiser von Land und Leuten gejagt, und der Burggraf Conrad II. von Nürnberg zum einstweiligen Statthalter in seinen Landen gesetzt. Die Stadt Wien wurde, weil sie ihre Thore sogleich geöffnet hatte, zur Reichsstadt erhoben. Aber diese Herrlichkeit dauerte nur bis ins Jahr 1240., in welchem sich der Herzog mit dem Kaiser wieder aussöhnte, und dadurch sowohl der Reichsfreiheit der Stadt Wien, als der Statthalterschaft des Burggrafen ein Ende machte. *)

Conrad II. starb im Jahr 1269. Er hatte mit seiner Gemahlin Clementia von Habsburg, des nachmaligen Kaisers Rudolph I. Schwester, eine Tochter Adelheid, die sich mit dem Pfalzgrafen Rapoto von Baiern vermählte, und zwei Söhne, Friedrich und Conrad, gezeugt, davon ihm der erste in der Regierung folgte, und die Burggräflichen Lande mit seinem Vetter Conrad III. theilte.

*) S. Falkenstein l. c. p. 102. und Pfeffinger Vitriarius illustratus T. 1. lib. 1. p. m. 1243.

Dritter Abschnitt.

Regierung Conrad III. und Friedrich III. v. J. 1260 — 1297.

―――

Conrad III Conrad III., mit dem Beinamen der
1260. Fromme, war ein äußerst bigotter und
1314. schwacher Herr, der sich ganz von den
Pfaffen regieren ließ, und auf ihr Eingeben alle ihm in der Theilung zugefallene Lande, zu geistlichen Stiftungen
verschenkte, so daß er am Ende gar
nichts mehr übrig behielt. Die vorzüglichsten dieser Stiftungen waren folgende. Im Jahr 1277. gab er Spalt und
Sandkron dem Bißthume Eichstädt. *)
Im Jahr 1294. gab er den deutschen
Orden die Orte Virnsberg, Eggenhausen, Ebenhof und Dachstetten. **) Im

*) Oetters numism. Gesch. des Burggrafthums
Nürnberg I. Theil p. 360. und 392.

**) Oetter l. c. p. 390., und Falkenstein l. c.
Pars III. p. 106.

folgenden Jahre stiftete er ein Collegium für zehn Canicos zu Spalt, zum Andenken an die zehn Gebote. *) Dem Bisthume Bamberg vermachte er im Jahr 1307. und 1314. einige Güter zu Fürth, Ober und Nieder Farrenbach, Manhof, Poppenreuth, Gros und Kleinreuth zu ewigen Seelenmessen für seinen verstorbenen Vater Friedrich II., für sich und seine Gemahlin **). Die Orte Abensberg und Wertenfels gab er dem Bisthume Eichstädt. ***) Nachdem er alles das seinige auf diese Art verschenkt hatte, starb er im Jahr 1314. am 6. Junius, und wurde zu Spalt begraben, wo man ihm ein prächtiges Epitaphium setzte ****) Seine Gemahlin Agnes, des Grafen Kraft von Hohenlohe Tochter folgte ihm am 29. April 1319., und ward zu ihm

*) Jungs Comicia Burggraviae, p. 152—166.

**) S. Jung l. c. p. 166.

***) Detter l. c. p. 400.

****) Dieses Epitaphium findet man in Jungs Comicia Burggraviae p. 171. seq.

begraben. Er hatte mit ihr drey Söhne und fünf Töchter gezeugt. Die Söhne, Friedrich, Conrad und Gottfried wurden deutsche Ordensherrn. Von den Töchtern vermählte sich die älteste Agnes, mit dem Grafen Conrad von Oettingen, und nach dessen Tode mit dem Grafen Friedrich [von Truhendingen; die zweite, Leucardis, aber mit den Grafen Conrad von Schlüsselburg; die drei übrigen sind unbekannt. *)

Friedrich III. 1269 – 1297. Weit rühmlicher als Conrad regierte sein Vetter Friedrich III. der nicht nur durch seine Klugheit im ganzen Deutschen Reiche eine große Rolle spielte, sondern auch seine Lande ausserordentlich vermehrte. Schon ehe er zur Regierung gelangte, hatte er sich beträchtliche Besitzungen erworben. Die vorzüglichsten derselben begriff die Meranische Erbschaft, die er durch seine Gemahlin Elisabeth, Herzog Otto I. oder des

---

*) Wegen seiner Nachkommenschaft siehe Rentsch Brandenburgischen Cedernhain p. 290.

Großen, von Meran Tochter, mit der er sich im Jahr 1246. vermählte, an sich brachte. Zu besserer Deutlichkeit müssen wir hier von diesen mächtigen Herzogen einige Nachricht geben. *)

Die Herzöge von Meran stammen von dem uralten Geschlechte der Grafen von Andechs her, die schon um das Jahr 900. berühmt waren. Diese erwarben sich nach und nach mehrere Lande, und unter andern auch das Herzogthum Meran in Tyrol, davon sie den Titel Herzöge von Meran annahmen. Unter diesen Herzogen gelangte besonders Otto I. oder der Große, zu einer solchen Macht, daß er einer der ansehnlichsten Fürsten Deutschlands war. Er besaß noch außer dem Herzogthume Meran verschiedene Lande im Oestreichischen, die Pfalzgraffschaft Burgund, das heutige Venetianische Dalmatien, einen

Meranische Erbschaft.

---

*) Hierüber siehe de Fellitsch diss. de ducibus Meraniae sub praes. Koeleri habita. Hoffmanni Annales Bamb. lib. IV. §. 48. et al.

Theil der Oberpfalz und des Bisthums Bamberg, das ganze Voigtland und die Grafschaft Andechs, welche die Städte Baireuth, Culmbach, Berneck, Casendorf, Gefrees und a. m. in sich begriff. Dieser Herzog Otto I. hatte mit seiner Gemahlin Beatrix, einer Pfalzgräfin von Burgund, vier Töchter und zwei Söhne gezeugt. Die älteste Tochter Adelheid vermählte sich im Jahr 1230. mit dem Grafen Hugo von Burgund, und nach dessen Tode im Jahr 1267. mit dem Grafen Philipp von Savoyen. Die zweite, Agnes, heurathete im Jahr 1230. den Herzog Friedrich II. von Oestreich, und da sich dieser im Jahr 1244. von ihr schied, den Herzog von Kärnthen Ulrich III. Die dritte, Beatrix, vermählte sich an den Grafen Otto I. von Kärnthen, und die vierte, Elisabeth, an unsern Burggrafen Friedrich. Von den Söhnen dieses Herzogs wurde der jüngste, Popo, Bischoff von Bamberg, wurde aber wegen seiner üblen Aufführung abgesetzt, und starb

im

im Jahr 1245. in exilio. Der ältere Otto II. bekam daher nach dem Tode seines Vaters im Jahr 1234. alle Meranische Lande. Er starb im Jahr 1248. am 17ten Junius auf dem Schloße Niſſen, (welches jezt Bambergiſch iſt) *). Da er nun mit ſeiner Gemahlin Blanka, des Grafen Theobald von Champagne Tochter, keine Kinder gezeugt hatte, ſo fielen ſeine Nachbarn, nach kaum erhaltener Nachricht von ſeinem Tode, in ſeinen überall herumzerſtreueten Landen ein, und nahmen weg, was ihnen am nächſten lag. Der Graf Mainhard von Tyrol nahm das eigentliche Herzogthum Meran, die Republik Venedig und Dalmatien, der Herzog Otto von Baiern die Oberpfalz, und einige Lande in Franken, und der Biſchof Heinrich von Bamberg das ihm zunächſt liegende in Franken weg.

*) Der um die vaterländiſche Geſchichte ſo verdiente Herr Regierungsrath und geheime Archivar des Plaſſenburger Archives, Spieß, hat in ſeinen Aufklärungen in der Geſchichte und Diplomatik p. 82 — 87. die Fabel von der Ermordung dieſes Herzogs durch einen gewiſſen von Hager, wie die meiſten Geſchichtſchreiber melden, diplomatiſch widerlegt.

Die Schwäger und eigentlichen rechtmäßigen Erben des verstorbenen Herzogs konnten theils wegen ihrer Entfernung, theils wegen ihrer eingeschränkten Macht der Raubbegierde ihrer mächtigern Gegner keinen Einhalt thun, und mußten sich daher mit dem noch wenigen übriggebliebenen begnügen. Der Graf Otto von Orlamünda und Burggraf Friedrich theilten sich daher in die noch übrigen Lande also, daß der Graf die Stadt Culmbach nebst der Festung Plassenburg, das Voigtland, Goldkronach, Wirsberg, Berneck, Gefrees, Bischofgrün und das Fichtelgebürg, Zwernitz, Wonsees, Casendorf, Trebgast und Pretzendorf oder das jetzige Himmelkron; der Burggraf aber die Pfalzgrafschaft Burgund, die Stadt Baireuth, den Flecken Langenzenn und das Schloß Cadolzburg bekam. *)

*) Von der Stadt Baireuth werde ich vielleicht in einem besondern Tractat handeln.
Von der ältern Geschichte von Langenzenn ist nichts bekannt, und die neuere wird in dem Verfolg dieser Geschichte mit vorkommen.
Cadolzburg war lange Zeit die Fürstl. Residenz, woselbst auch eine Zeit lang das Landgericht gehalten wurde.

Die Pfalzgraffchaft Burgund verkaufte aber der Burggraf schon im Jahr 1256. wieder gegen eine große Summe Geldes an den Grafen Hugo von Challons, und zwar deswegen, weil er das von seinen übrigen Besitzungen soweit entfernte Land gegen Angriffe doch nicht würde haben beschützen können. *)

Im Jahr 1260. soll er mit dem Grafen Otto I. von Orlamünda eine Erbverbrüderung geschlossen haben, daß wenn eine von beiden Familien aussterben würde, die andre die von derselben besessenen Meranische Lande erben sollte.

Erbverbrüderung mit dem Grafen Otto I. von Orlamünda.

Burggraf Friedrich stand auch beim Kaiser Conrad IV. in großer Gnade, welcher ihn am ersten October 1251. mit der alten Münzstadt Creußen belehnte, davon der Belehnungsbrief in M. I. Willen historia Crusiae urbis Burggravia-

Gunstbezeigungen Conrads IV und Conradins gegen Friedrich III.

---

*) S. Falkenstein l. c. P. III p. 127., Rentsch l. c. p. 295., und Limnaeus in iure publico c. 7. p. 184. nr. 13.

tus Norici supra montani antiquissimae, pag. 8. enthalten ist. Conrads IV. unglücklicher Sohn Conradin übergab auch im Jahr 1265. dem Burggrafen den Ort Mönchsteinach, welche Schenkung Kaiser Albert I. im Jahr 1300. und Ludwig der Baier im Jahr 1328. bestätigten. *)

*) Dieser Ort war im Jahr 800. schon angebaut, und gehörte zu dem Iphigau. Im Jahr 912. am 8. August schenkte Kaiser Konrad I. Steinach, Leinbach und Dißbach dem Abte Tragulph von Schwarzach, einem gebohrnen Grafen von Castell. Von diesem Abte kam Steinach an die Grafen von Castell. Da nun ein zweiter Sohn eines Grafen von Castell diesen Ort als sein Erbtheil bekam, so schrieb er sich davon Herr von Steinach. Im Jahr 1100. stiftete Albrecht von Steinach und seine Gemahlin Adelheid von Burleswag, auf das Zureden des Bischoffs Eginhard von Würzburg, aus seinem Schlosse ein herrliches Mönchs Benedictiner-Kloster, zu Ehren des heiligen Nicolai. Von der Zeit an hieß dieser Ort Mönchsteinach. Er kam nachher an das Haus Hohenstauffern, auf welche Art ist unbekannt, bis ihn endlich Conradin im Jahr 1265. dem Burggrafen Friedrich III. schenkte. Im Jahr 1291. nahm das Kloster die Burggrafen von Nürnberg zu immerwährenden Schutzherrn an. Im Jahr 1304. schenkte Conrad von Ther diesem Kloster den größten Theil von Gerhardshofen Im Jahr 1529. wurde es vom Marggrafen Georg dem Frommen secularisirt. (Siehe Rentsch l. c. p. 296.)

Diese ansehnlichen Besitzungen hatte sich schon Friedrich III. erworben, als er nach dem Tode seines Vaters im Jahr 1269. die Regierung antrat. Er machte sich aber nicht nur um seine Lande, sondern um das ganze deutsche Reich verdient.

Friedrichs Verdienste um das deutsche Reich.

Deutschlands Lage war zu der Zeit äusserst traurig und verwirrt. Nach des großen Kaisers Friedrich II. Tode empfand es 23. Jahre lang hindurch die traurigen Folgen innerlicher Unordnung und Anarchie. Zwar war Conrad IV. seinem Vater Friedrich II. als Kaiser gefolgt, aber seine kurze Regierung war ein Schauplatz innerlicher Kriege, Verwirrungen und Meutereien gewesen. Die Päbste, die es noch nicht vergessen konnten, wie standhaft die beiden Friedriche ihre Rechte gegen die Anmassungen des heiligen Stuhls vertheidigt hatten, suchten Himmel und Erde zu bewegen, die-

Falkenstein l. c. T. III. p. III. und Febers Antiquitates Monacho - Steinacheuses.

ses edle Haus zu vertilgen, und ihm einen völligen Untergang zu bereiten. Nur mit Mühe behauptete sich Conrad IV. gegen diese gefährlichen Feinde, aber durch seinen im Jahr 1254. erfolgten Tod kam die Krone von Neapel auf das Haupt seines Sohnes Conradins, eines unmündigen Kindes. Der heilige Vater ergriff eine so günstige Gelegenheit, und rief Carln von Anjou, Bruder des Königs von Frankreich Ludwig IX. oder des heiligen, nach Italien, der sich des Königreichs Neapel ohne große Mühe bemächtigte. Der indessen herangewachsene Conradin, welcher ganz den hohen Muth und die standhafte Entschlossenheit seines Großvaters geerbt hatte, suchte zwar mit den Waffen in der Hand seine Rechte zu behaupten, aber seine Hoffnungen sanken durch die Schlacht bei Pallenza, im Jahr 1268. in das Grab. Er wurde geschlagen, gefangen und bald darauf nebst seinen treuen Gefährten, dem Prinzen Friedrich von Baaden, der sich wegen seiner gegründeten Ansprüche auf die Oestreichschen Lande Herzog von Oestreich titulirte, auf Anstiften des Pabstes Clemens IV. am 29. October 1268. zu Neapel öffentlich enthauptet.

Eben so traurig sah es nach Conrad IV. Tode in Deutschland aus. Der Graf Wilhelm von Holland, der ihm als Kaiser gefolgt war, konnte sich wegen eines Krieges mit Flandern nicht viel mit den Reichsangelegenheiten abgeben, und es stieg daher die Unordnung immer mehr. Da er nun schon im Jahr 1256. in dem Flandrischen Kriege umkam, so stieg die Verwirrung aufs höchste. Einige wollten den Grafen Richard von Cornwallis, andre den König Alphons von Castilien, noch andre den König Ottokar von Böhmen zum Kaiser haben. Richard und Alphons wurden wirklich beide gewählt, und jeder wollte rechtmäßiger Kaiser seyn. Wirklich ward es aber Richard, denn er wurde nicht nur von den meisten Fürsten anerkannt, sondern auch zu Aachen gekrönt, da hingegegen Alphons gar nicht nach Deutschland kam. Richard gieng gleich nach der Krönung wieder nach England zurück. Da er nun vom Jahr 1262. an nicht mehr nach Deutschland kam, auch nicht Macht genug hatte, sein Kaiserliches Ansehen zu behaupten, so wurde Deutschland der größten Anarchie ausgesetzt, so daß einige Geschichtschreiber diese Zeit mit dem Namen des großen Interregni belegen. Die über das Meer herkommenden Kaiserlichen Befehle wurden verlacht, die Deutschen Fürsten befehdeten einander ungehindert, und kein Mensch war sicher, von den Edelleuten unerleichtert seine Straße ziehen zu können. Das Faustrecht blühete in diesen Zeiten, und Räubereien und Meutereien giengen im Schwang. Da nun Richard im Jahr 1272. starb, so war jeder Gutgesinnte darauf bedacht, ein Oberhaupt zu erwählen, welches Ordnung und Ruhe wieder herzustellen im Stande wäre. Burggraf Friedrich zeigte sich hier besonders als ein für das allgemei-

Kaiserwahl Rudolphs von Habsburg.

ne Wohl rühmlichst bedachter Herr. Er schlug den zu Frankfurth versamelten Thurfürsten den Grafen Rudolph v. Habsburg vor, einen Mann, der ungemeine Klugheit und Redlichkeit mit großem Muthe und Tapferkeit verband. Auf des Burggrafen besondre Empfehlung und Bemühung wurde derselbe im Jahr 1273. auch zum Kaiser erwählt, und der Burggraf abgesandt, Rudolphen das Wahldecret zu überbringen. *)

Rudolph war so eben mit dem Bischoffe Heinrich von Basel in eine Fehde verwickelt, und belagerte seine Hauptstadt, als ihm der Burggraf das Wahldecret überbrachte. Der Kaiser stellte ihn sogleich zum Schiedsrichter seiner Streitigkeiten mit dem Bischoffe auf, und er entschied sie zu beiderseitiger Befriedigung. Von der Zeit an gebrauchte der Kaiser den Burggrafen zu den wichtigsten Reichsangelegenheiten, und er-

*) Schmidts Geschichte der Deutschen 7s Buch, l. c. p. m. 28. seq.

hohlte sich in vielen Fällen bei ihm
Raths. Sein erstes Geschäfte war,
sich vom Pabste als Kaiser anerkennen
zu laßen, eine damals vor allen wichtige Vorsorge. Es wurden daher im folgenden Jahre unser Burggraf und der
Probst Otto von St. Guido in Speier
als Kaiserliche Gesandte an dem Pabst
Gregor X. geschickt. Dieser legte ihnen
nun die Wahlkapitulation, die damals
der Kaiser dem Pabste leisten mußte,
vor, die sie unterschreiben und im Namen des Kaisers beschwören mußten,
worauf sie wieder nach Deutschland zurückkehrten. *)

Im Kriege mit dem König Ot-tokar von Böhmen.
Alle Stände des Reichs hatten Rudolphen für ihren Herrn erkannt, aus
genommen der König Ottokar von Böhmen, welchen es verdroß, einen Mann,
der vormals einer seiner Ministers gewesen war, jetzt über sich sehen zu müssen. Noch überdies hatte er, nach dem
Tode Friedrich des Streitbaren Her-

*) Schmidt l. c. p. 33.

zogs von Oestreich, seine Lande, nehmlich die Herzogthümer Oestreich, Steiermark, Kärnthen und Krain, unrechtmäßiger Weise an sich geriſſen. Es wurde daher auf dem Reichstage zu Augsburg im Jahr 1275. beſchloſſen, den Burggrafen und den Biſchof Heinrich von Baſel als Geſandte an Ottokarn zu ſchicken, und ihn zur Huldigung und Herausgabe der Oeſtereichiſchen Lande ernſtlich zu ermahnen. Ottokar aber, der ſich auf ſeine große Macht verließ, trotzte den Befehlen des Kaiſers, und die Geſandten kehrten unverrichteter Sachen wieder zurück.

Der Kaiſer bot daher das ganze Reich auf und brachte ein beträchtliches Kriegsheer zuſammen, bei welchem ſich auch unſer Burggraf befand. Mit demſelben drang er im Jahr 1277. in Oeſtreich ein, und eroberte es in kurzer Zeit. Er ſetzte hierauf Ottokarn immer mehr zu, und trieb ihn bald ſo in die Enge, daß er um Frieden bitten mußte.

Er erhielt ihn, mußte aber Rudolphen huldigen und Oestreich herausgeben, womit der Kaiser seinen Sohn Albert belehnte. Den König reuete aber seine Unterwürfigkeit bald wieder, und kaum waren die Fürsten, die dem Kaiser beigestanden hatten, mit ihren Truppen wieder nach Hause gezogen, so fiel er aufs neue in Oestreich ein. Dem Kaiser, der mit seinen wenigen eigenen Truppen dem zahlreichen Heere der Böhmen nicht würde haben widerstehen können, eilten sogleich einige Fürsten zu Hülfe, darunter unser Burggraf einer der ersten war. Am 26ten August 1378. kam es auf dem Marchfelde ohnweit Wien zu einer blutigen und entscheidenden Schlacht. Beide Theile fochten mit gleicher Erbitterung und Hartnäckigkeit, und bald neigte sich das Uebergewicht auf diese, bald auf jene Seite, bis endlich Rudolphs größere Tapferkeit über die ihm weit überlegene Anzahl der Böhmen siegte. Ottokar, der nach Rudolphs eigenen Zeugniße, auch da die Seinigen schon zerstreut waren, noch wie ein Riese gefochten hatte, blieb nebſt 14000. Böhmen auf dem Platze. In dieſem Treffen zeichnete ſich unſer Burggraf beſonders aus, und trug zum Siege nicht wenig bei. Der Kaiſer drang hierauf in Böhmen ein, es kam aber bald zwiſchen ihm und dem Marggrafen Otto dem Langen von Brandenburg, Vormund des noch unmündigen Sohnes des gebliebenen Königs zum Vergleich, und jeder Fürſt kehrte mit ſeinen Truppen in ſeine Heimath zurück. *)

Im Jahr 1287. wohnte der Burggraf dem Reichstage zu Würzburg bei, auf welchem der Reichsabſchied das erſtemal in deutſcher Sprache abgefaßt wurde. Meiſtens brachte Friedrich ſeine Zeit beim Kaiſer Rudolph zu, mit welchem er Deutſchland durchreiſte und ihm überall mit Rath und That an die Hand gieng. Dieſer ſtarb endlich am 15ten Julius 1291. im 73ſten Jahre ſeines Alters, zu Germersheim, und Burg-

Friedrichs Verdienſte um die Perſon Rudolphs.

*) S. Schmidt l. c. p. 44 — 70. e. a.

graf Friedrich stand ihm bis auf dem letzten Athenzug bei. *)

Belohnungen derselben. Diese Verdienste hatte aber auch Rudolph während seines Lebens erkannt, und durch viele Gnadenbezeigungen belohnt. Er bestätigte Friedrichen im Jahr 1273. seine Fürstliche Würde und Freiheiten in einem besondern Diploma. **)

Im Jahr 1282. übergab er ihm am 2ten April die Oberlehnsherrschaft über die Stadt Wonsiedel. ***) In dem nehmlichen Jahre schenkte er ihm die Orte Markt Erlbach und Lankersheim. ****)

*) Falkenstein. l. c. T. III. p. 120. Schmidt l. c. p. 100. seq.

**) Dieses Diploma ist in Jungs Hoheit des Burggräfl. Landgerichts, oder der Comicia Burggraviae p. 7 — 10. enthalten, auch in Falkensteins l. c. p. T. III. p. 115.

***) S. Pertsch origines Voitlandiae et Wonsideliae. P. I. p. 54.

****) Von Markt Erlbachs älterer Geschichte ist nichts bekannt. Markt Lenkersheim hatte ehedessen die Freiheit, sich einen Herrn zu wählen, welchen es wollte, nach dessen Absterben

Ferner belehnte er ihm im Jahr 1286. mit der Herrschaft Seefeld in Oestreich *) und im Jahr 1288. mit dem Schloße und Ort Burgthan. **)

Aber auch durch Kauf vermehrte dieser rühmliche Burggraf seine Lande ungemein. Den Flecken Markt Dachsbach kaufte er im Jahr 1282. von dem Grafen Ludwig von Oettingen für 500. Mark löthigen Silbers oder 1000. Pf. Heller. ***)

Vermehrung seiner Lande durch Kauf.

es zu einer neuen Wahl schritt. Da es sich nun dem Reich ergab, wurde im Jahr 1119. am 12ten April der Burggraf Friedrich I. von Nürnberg vom Kaiser Philippus zum Schutzherrn desselben ernannt. Es mußte dafür denen Burggrafen jährlich 15. Malter Waizen liefern, stand übrigens aber gar nicht unter ihrer Bothmäßigkeit. Es hatte große Privilegia, unter andern auch schon die Stadt-Gerechtigkeit, und das Recht, jährlich 2. Märkte halten zu dürfen. Endlich wurde es, wie oben gemeldet, denen Burggrafen vom Kaiser Rudolph I. erblich übergeben. (Siehe Groß l. c. p. 110.)

*) Rentsch l. c. p. 303.

**) Stiebers Histor. topogr. Nachr. von Fürst. Onolzbach, p. 269.

*) Pastorius Franconia rediviva, und Struvs Histor. Polit. Archiv, T. l. p. 108.
Ein Pfund Heller macht ohngefähr 4. Fl.

Im Jahr 1280. kaufte er den ansehnlichen Marktfleken Burgbernheim *) von den Grafen von Truhendingen für 3000. Pfund Heller. Im Jahr 1281. versetzte der Landgraf Friedrich von Leuchtenburg dem Burggrafen die Festung Rauhen Culm, und im folgenden Jahre überließ er sie ihm für 400. Mark Silber käuflich. **) Um eben diese Zeit,
nach

---

*) Schon im Jahr 171. soll auf Befehl des Kaisers Marc Aurel daselbst eine Burg erbaut, und Schönberg benannt worden seyn. Ein derselben im Jahr 806. von Carl I. ertheiltes Privilegium ist noch vorhanden. Im J. 992. ließ der Bischoff Bernhard von Würzburg daselbst zwei Kirchen für die Wallfahrenden erbauen, und den Ort Bernhardsburg benennen, daraus denn Burgbernheim entstanden seyn mag. Ehemals war dieser Ort wegen des sehr heilsamen Wildbades außerordentlich berühmt. Es wurde von dem Kaiser Lothar II., Heinrich VI., Ludwig dem Baiern, Carl IV. und vielen Fürsten und Grafen wider mancherlei schwere Krankheiten mit bestem Erfolge gebraucht, welche daher diesem Orte viele Privilegia ertheilten. Die Croaten ruinirten im 30jährigen Kriege alles, und seitdem hat das Bad einen großen Theil seiner ehemaligen Kraft verlohren. Im Jahr 1712. ließ Georg Wilhelm ein neues sehr prächtiges Badhaus daselbst erbauen. S. Groß l c. p. 101. seq.

**) Es stand damals die jetzige Stadt noch nicht,

nach einigen im Jahr 1280. kaufte er das Schloß und Flecken Hohenberg ohnweit Eger von einem Herrn von Kueusel. *) Im Jahr 1285. kaufte er einige Güter in und um die Stadt Neustadt an der Aisch, welcher Kauf zu Streitberg mit Friedrich von Waldboth um eine unbekannte Summe abgeschlossen wurde **). Im Jahr 1291. kaufte er das Amt Wen-

sondern ließ auf beiden Bergen sehr starke Festungen, darunter die auf dem rauhen Culm drey Mauern, Thürme und noch eine innere Burg hatte. Im Jahr 1298 kaufte Johann I. und Friedrich IV. auch den gegenüber bevestigten schlechten Culm von Friedrich Oberndörfern für 1500. Pfund Heller. Kaiser Carl V. ertheilte dem Burggrafen für die zwischen beiden Bergen befindlichen Höfe Stadtgerechtigkeit, welcher dann Kaiser Wenzel und Sigismund noch mehrere Rechte und Privilegia hinzufügten. Diese machten sich denn die Burggrafen zu Nuße, und erbauten zwischen beiden Bergen eine Stadt, die Anfangs Culmstadt und dann Neustadt am Culm benannt wurde. Von der im Kriege geleisteten tapfern Gegenwehr dieser Stadt, und von dem im Jahr 1413. hier von Johann III. gestifteten Carmeliter-Kloster wird in der Folge mehr vorkommen. (S. Groß l. c. p. 104.)

*) Spieß, l. c. p. 17. e. 2.

**) Von Neustadt wird nachher bei der Stiftung des Klosters Rietfeld 1459. mehr vorkommen.

D

delstein vom Landgrafen von Leuchtenberg für eine unbekannte Summe, und im folgenden Jahre von den Herren von Heydeck das Städtchen Roth, davon aber auch der Kaufschilling unbekannt ist *). Von eben diesen Herren von Heydeck kaufte er im Jahr 1292. das Schloß und Amt Rößstall **), und das Schloß und den Flecken Windsbach ***) und in dem nehmlichen Jahre kaufte er den Ort Altenburg von den Herren von Berg.

*) Groß l. c. p. 114.

**) Dieser uralte Ort gehörte ehedessen dem Pago Rangew oder Ratinzgow, und der berühmte Verfasser des Chronici Gottwicensis sagt tomo II. p. 737., daß die Burg Roßstall, in dem Kriege zwischen dem Kaiser Otto dem Großen und seinem Sohne Ludolph, Herzog von Schwaben, im Jahr 953. sey erobert worden, wobei zwischen beiden ein blutiges Treffen vorgefallen sey. Im Jahr 1355. ertheilte Kaiser Carl IV. diesem Orte die Stadtgerechtigkeit, davon das Diploma d. d. 23ten April 1355. in Pertsch l. c. P. 1. c. X. p. 61. zu finden.

***) Es gehörte derselbe ehedessen den Grafen von Oettingen, die ihn an einem Herrn von Dornberg verkauften. Ein Herr von Dornberg gab ihn aber seiner Tochter, die sich mit einem Herrn von Heydeck vermählte, zum Heuraths= guth mit.

Alle diese Orte brachte Burggraf Friedrich an sich, und er handelte also ganz den frommen Grundsätzen seines Vettern Conrad III. entgegen. Alles was er auf geistliche Schenkungen verwandte, war die Stiftung des Klosters Pirkenfeld; Höffmann sagt im Jahr 1275. Lairitz 1276. und Rentsch 1278 *). *Friedrich III. stiftete das Kloster Pirkenfeld.*

Burggraf Friedrich war zweimal vermählt gewesen. Mit seiner ersten Gemahlin Elisabeth von Meran, die im Jahr 1272. starb, zeugte er zwei Söhne und vier Töchter. Die beiden Söhne, Johann und Sigismund, starben in ihrer Jugend; die Nachricht von ihrer Ermordung aber ist wahrscheinlich eine Legende. Da nun der Burggraf hier- *Friedrich III. Nachkommenschaft.*

*) Es war dasselbe ein adeliches Jungfrauen Cistercionser-Kloster, und stand unter der Inspection und jährlichen Visitation des Prälaten von Ebrach. Die berühmte Seckendorf Rhinhofische Familie that in dieses Kloster viele reiche Stiftungen, hatte auch ihr Begräbniß darinnen, davon die Grabsteine noch zeugen. Die Aebtißinnen sind alle in Großens Burg und Marggräflich Brandenburgischer Landes- und Regentenhistorie Cap. VI. p. 209. benennet.

durch seiner männlichen Erben beraubt wurde, so brachte er es bei dem Kaiser Rudolph dahin, daß derselbe dem Grafen Ludwig III. von Oettingen, welcher seine älteste Tochter, Maria, zur Gemahlin hatte, das Privilegium succedendi ertheilte, wenn er nicht noch männliche Erben bekommen sollte. Da nun dieses würklich erfolgte, so mußte der Graf seinem Privilegio im Jahr 1287. wieder entsagen. Des Burggrafen zweite Tochter von seiner ersten Gemahlin, Adelheid, vermählte sich mit dem Grafen Heinrich von Castell. Die dritte, Anna, ward Aebtissin zu Schlüsselhof, und die vierte, Elisabeth, heurathete den Grafen Gottfried von Hohenlohe.

Burggraf Friedrich III. stirbt 1297.

Nach dem Tode seiner ersten Gemahlin vermählte sich der Burggraf wieder im Jahr 1275. mit Helena, Albrecht I. Churfürsten von Sachsen Tochter. Mit derselben zeugte er noch zwei Prinzen und zwey Prinzessinnen, davon die älteste, Anna, den Grafen Emich von

Naſſau und die zweite, deren Name unbekannt iſt, den Grafen Gebhard von Hirſchberg heurathete. Die beiden Söhne, Johann I. und Friedrich IV. folgten ihrem Vater in der Regierung, gemeinſchaftlich. Burggraf Friedrich III. ſtarb im Jahr 1297. am 14ten Auguſt, und ward in der Kloſterkirche zu Heilsbronn beigeſetzt. Seine Gemahlin Helena folgte ihm im Jahr 1309.

Vierter Abschnitt.

Regierung der Burggrafen Johann I, und Friedrich IV. 1297 — 1332.

Johann I.
1297 —
1300.

Nach ihres Vaters Tode traten Johann I. und Friedrich IV. die Regierung des Burggrafthums gemeinschaftlich an. Johann I. war im Jahr 1278. gebohren. Im Jahr 1298. kaufte er und sein Bruder die Festen Schlechten Culm von Friedrich Oberndörffern für 1500 Pfund Heller. Johann vermählte sich mit Agnes, Heinrich des Kindes, Herzogs von Brabant und Landgrafen von Hessen Tochter. Er hatte aber noch keine Kinder mit ihr erzeugt, als er im folgenden Jahre starb.

Friedrich
IV. 1297
bis 1332.

Mithin fielen die Burggräflichen Lande allein an seinen Bruder Friedrich IV. Dieser war gebohren im Jahr 1282. und also nach seines Vaters Tode noch nicht volle 18 Jahre alt. Bei dem Kaiser Albert I. Rudolphs von Habsburg Sohn, stand er sehr in Gnade, welcher Kaiser ihm auch im Jahr 1300. seine Fürstliche Würde confirmirte *). Im Jahr 1307. ernannte er ihn zum Feldherrn der Reichstruppen gegen den in die Acht erklärten Marggrafen von Meißen, Friedrich mit der gebißnen Wange. Er war aber bei diesem ungerechten Kriege nicht glücklich, und die Reichstruppen wurden bei Leucca ohnweit Altenburg geschlagen und gezwungen, Thüringen zu räumen. Da nun Albrecht im folgenden Jahre in dem Kriege mit der Schweiz verwickelt wurde, so konnte er die Angelegenheiten in Thüringen nicht ernstlich betreiben. Da er nun endlich im Jahr 1309. ermordet wurde, so folgte ihm der Graf Heinrich von Luxenburg, der dem Marggrafen Friedrich Gerechtigkeit widerfahren

<small>Friedrichs Verdienste um das deutsche Reich, unter Albert I.</small>

*) Das Diploma hierüber ist in Falkenstein l. c. P. III. p. 130. wörtlich enthalten.

ließ, und ihn in seine Lande wiederum einsetzte *).

unter Heinrich VII. Diesem rühmlichen Kaiser begleitete Burggraf Friedrich auf seinen Kriegszügen in Böhmen und Italien, und erwarb sich dabei großen Ruhm. Die Böhmen setzten nehmlich ihren König, den Herzog Heinrich von Kärnthen ab, und trugen dem Kaiser an, ihnen seinen Sohn Johann zum König zu geben. Der Kaiser nahm dieses vortheilhafte Anerbieten an und rückte mit einem Heere in Böhmen ein. Er trieb den Herzog bald zurück, und eroberte am 5. Februar 1311. die Hauptstadt Prag, wobei sich unser Burggraf besonders sehr thätig bewieß. Heinrich ward genöthigt, sein Königreich zu verlassen, und des Kaisers Sohn Johann auf seinem ehemaligen Throne zu erblicken.

Im Jahr 1311, wurde auch auf dem

*) Groß l. c. p. 128. Schmidt l. c. VII. Buch 3. cap. p. 150.

Reichstage zu Speier beschlossen, einen
Römerzug zu unternehmen, um die fast
ganz verlohren gegangenen Kaiserlichen
Rechte in Italien wieder herzustellen.
Der Kaiser machte sich daher mit einem
ansehnlichen Heere auf den Weg, bey
welchen sich auch unser Burggraf mit einem starkem Corps eigner Truppen befand. Der Feldzug begann für dem Kaiser sehr glücklich, welcher bald die Wel-
fen überall in die Enge trieb und die
stolzen Städte der Lombardei demüthigte.
Dadurch wurde aber ihr Zorn und ihre
Widerspenstigkeit, nur desto größer, und
die schon bezwungenen Städte steckten,
von dem mächtigen Könige Robert von
Neapel unterstützt, wenn der Kaiser kaum
den Rücken gewandt hatte, aufs neue die
Fahne der Empörung aus. Robert
wurde daher vom Kaiser in die Acht,
und aller seiner Rechte und Würden verlustig erklärt. Der Kaiser griff ihn hierauf selbst mit dem glücklichsten Erfolge
an, und würde vielleicht noch ganz Italien wieder unter seine vorige Abhängig-

keit vom Reiche zurück gebracht haben, wäre er nicht, mitten auf seiner glänzenden Laufbahn, durch einem ihn von dem Dominicaner Mönche Bernard von Montepulciano zu Buoncavento im Kelch des Abendmahls beigebrachten Gift, am 24. August 1331, dieser Welt entrissen worden,

unter Ludwig dem Baiern. Durch diesen frühzeitigen Tod wurde das Deutsche Reich wegen der strittigen Kaiserwahl acht traurige Jahre hindurch der äussersten Zerrüttung und blutigen innerlichen Kriegen ausgesetzt. Die Stimmen waren zwischen den Herzogen Ludwig von Baiern und Friedrich den Schönen von Oestreich getheilt. Ersterer wurde von dem Churfürsten Peter von Mainz; Balduin von Trier; Heinrich und Waldemar von Brandenburg; Johann König von Böhmen; und von Johann Herzog von Sachsen Lauenburg, als Churfürst von Sachsen; und letzterer von dem Churfürsten Heinrich von Cölln; Rudolphen von der Pfalz; zu Herzog

Heinrig von Kärnthen, wegen seiner Ansprüche auf Böhmen; und von Rudolph Herzog von Sachsen Wittenberg, der ebenfalls die Sächsische Churwürde behauptete, zum Kaiser erwählt. Ludwig wurde zu Aachen und Friedrich zu Bonn gekrönt.

Beide Kaiser rückten nun gegen einander zu Felde. Unser Burggraf schlug sich zur Parthei Ludwigs, den er mit seiner ganzen Macht unterstützte. Einige Jahre hindurch wurde der Krieg auf beiden Seiten mit gleichem Glücke geführt. Es fielen verschiedene Treffen vor, unter welchen das bey Eßlingen im Jahr 1316. eines der hitzigsten war, welches aber so ausfiel, daß sich kein Theil des Sieges rühmen konnte. Der König Johann von Böhmen vermittelte zwar hierauf einen zweijährigen Waffenstillstand, aber nach Verlauf desselben brach der Krieg nur desto heftiger aus und zwar so, daß sich das Uebergewicht auf Friedrichs Seite neigte, der eine mächtige Stütze an sei-

nem kriegerischen Bruder den Herzog
Leopold hatte. Die Oestreichische Parthei fiel in Baiern ein, und verwüstete
dasselbe von einem Ende zum andern.
Ludwig, der seinem Gegner auf freiem
Felde nicht gewachsen war, weil er von
seiner Parthei sehr schlecht unterstützt
wurde, mußte sich in seine festen Orte
einschließen, und der Verheerung seiner
Lande zusehen, ohne die Feinde davon
abhalten zu können. Er war daher schon
bereit, der Kaiserkrone zu entsagen, hätten
ihn nicht seine Bundesgenossen durch das
Versprechen mächtiger Hülfe wieder aufs
neue mit Muth entflammt. Sie hielten Wort, und beide Kaiser rückten mit
ihren Heeren einander im Jahr 1322.
entgegen. Herzog Leopold hatte in
Schwaben und am Rheine ein beträchtliches Heer gesammelt, mit welchem er
schon im Anzuge begriffen war, um seinem Bruder zu verstärken, als sich dieser am 28ten September 1322. unbeson-
nener Weise bei Mühldorf am Inn in
Salzburgischen mit Ludwig in ein ent-

scheidendes Treffen einließ. Früh Morgens bald nach Sonnenaufgang nahm die Schlacht ihren Anfang und währte über 10. Stunden lang. Ludwig hatte die ganze Anordnung seines Heeres dem Seifried Schweppermann, einem erfahrnen Krieger aus Nürnberg, übergeben. Beide Heere fochten mit gleichem Muthe und Tapferkeit; und der Sieg neigte sich bald auf diese, bald auf jene Seite. Um die Mittagszeit machte Schweppermann eine sehr künstliche Wendung, wodurch er den Oestreichern Wind und Staub in das Gesicht trieb. Da sie aber demohngeachtet noch nicht zum Weichen konnten gebracht werden, so gab endlich Burggraf Friedrich den völligen Ausschlag. Er hatte sich nehmlich mit einem Corps von 500. Reutern gleich zuerst vom übrigem Heere entfernt, und rückte mit Vortragung Oestreichischer Fahnen gegen die Oestreichische Flanke an. Diese ließen ihn ungestört anrücken, in der Meinung, es sey der Herzog Leopold mit seinen

Hülfsvölkern, den man täglich erwartete. Der Burggraf belehrte sie aber durch seinem plötzlichen Angriff bald eines andern; die Oestreicher wurden vollends in Unordnung gebracht, und erlitten eine gänzliche Niederlage. Einige tausende blieben auf dem Platze, und eine große Menge derselben wurde zu Gefangenen gemacht. Unter den lezten befand sich Kaiser Friedrich selbst, welchen ein Ritter aus des Burggrafen eigenen Truppen, mit Namen Albrecht von Rindsmaul gefangen nahm. Denn da nach der Schlacht dieser Ritter nebst andern vor dem gefangenen Kaiser auf Befehl Ludwigs vorbeiritt, welcher sich genau überzeugen wollte, wer Friedrichen gefangen genommen habe, so rief Friedrich bei Erblickung des Schildes desselben, auf welchem ein Ochsenmaul gemahlt war, aus: Vor Kuhemaul habe ich mich heute nicht hüten können.

Dem Burggrafen übergab der Kaiser alle in der Schlacht gefangene Oestrei thische Grafen und Herren, für die der Burggraf ein großes Lösegeld hätte erhalten können. Er war aber so grosmüthig, und ließ sie alle unentgeldlich wieder nach Hause ziehen, nachdem sie ihm zuvor den Lehnseid geleistet hatten.

Der gefangene Friedrich wurde sogleich nach der Schlacht auf dem festen Schloße Traußnitz in der Ober-Pfalz in enge Verwahrung gebracht. Unser Burggraf brachte endlich durch vieles Hin- und Herreisen im Jahr 1325. einen Vergleich zwischen beiden zu Stande. Der gefangene Herzog wurde seiner Gefängenschaft entlassen, mußte aber der Kaiserkrone entsagen und sich anheischig machen, nebst seiner ganzen Familie dem Kaiser gegen alle Feinde beizustehen. Kaum waren die Puncte dieses Vergleiches bekannt, so erklärte ihn Pabst Johannes XXII. für ungültig, und sprach Friedrichen von der Verbindlichkeit ihn zu halten frey. Friedrich dachte aber viel zu edel, in einem so schändlichen Vorschlag des heiligen Vaters zu willigen, und da er seinen hartnäckigen Bruder Leopold weder durch Gründe noch Bitten bewegen konnte, die Waffen niederzulegen, so handelte er so großmüthig und begab sich selbst wieder als Gefangener zu dem Kaiser nach München. Ludwig wurde durch diese schöne Handlung so sehr gerührt, daß er Friedrichen zum Mitregenten annahm, und seitdem blieben sie so treue Freunde, daß sich keiner je von dem andern trennen wollte *).

Gnadenbezeigungen Ludwigs gegen Friedrich IV.

Dem Burggrafen blieb der Kaiser wegen seiner treuen Dienste immer gewogen, und überhäufte ihn mit Gnadenbezeigungen. Im Jahr 1323. ertheilte er ihm die Oberlehensherrschaft über die den Voigten von Weida gehörige Stadt Hof, des Städtchen Mönch-

*) Ueber diesen Krieg siehe Schmidt l. c. pag. 208 — 217. und p. 242. Falkenstein l. c. T. III. p. 132. seq. Ellrodi diss. de Ludovici Bav. in Fried. IV. benevolentia, et alii.

Mönchberg und die umliegende Gegend. *) Im Jahr 1325. versetzte er ihm die Reichsstadt Weißenburg für 28000. fl. welche sich aber selbst wieder auslöste. **) Er ertheilte ihm auch um diese Zeit die Schutz- und Schirm-Gerechtigkeit über das Kloster Frauenaurach, ***) davon aber das Jahr unbekannt ist.

Burggraf Friedrich IV. vermehrte aber auch durch Kauf seine Lande um ein Ansehnliches. Den Ort Walmersbach er-

Vermehrung seiner Lande durch Kauf.

*) Den Lehenbrief siehe Falkenstein l. c. P. III. p. 137. Von dieser Stadt wird nachher mehr vorkommen.

**) S. Oetters Samml. hist. Nachrichten p. 150.

***) Es soll dasselbe von Friedrichs III. Gemahlin Elisabeth, nach andern von der Gemahlin Heerdegens von Grünblach, die auch Elisabeth geheissen, und eine Meranische Prinzessin gewesen seyn soll, im Jahr 1250. gestiftet worden seyn. Es besaß dieses reiche Kloster, das Dorf Hüttendorf, ein Landgut in Möhrendorf u. a. Güter. Heinrich von Auer und seine Gemahlin Hedwig, die vorzüglichsten Wohlthäter dieses Klosters, schenkten i. m auch die Dörfer Regelsbach und Gustenfelden. Die Aebtissinnen sind alle in Großens Burggräflicher Landes und Regentenhistorie Cap. VI. p. 152. angeführt. Ums Jahr 1550. wurde das Kloster secularisirt.

E

langte er im Jahr 1303. von Gottfried von Wallenfels. *) Im Jahr 1307. kaufte er den ansehnlichen Flecken Marckt Bergel **) vom Grafen Friedrich von Truhendingen, so viel dessen Antheil ausmachte, für 6000. Pfund Heller. Den andern Theil des Fleckens, Niederhofen genannt, erkaufte er im Jahr 1312. von den Herren von Baldern für 11500. fl. Im Jahr 1318. oder 1320. erkaufte er von den Brüdern Erhard, Ludwig und Heinrich von Voitsberg die Stadt Wonsiedel für 70000. Böhmische Groschen, oder 24000. Gulden. ***) Ums Jahr 1319.

*) Pastorius l. c. p. 455.

**) Dieser Ort kommt in Documenten schon im 8ten Jahrhunderte vor. Der alte Fuldaische Mönch Eberhard in seinen Summariis Traditionum veterum p. 284. und der berühmte Abt Schannat in Patrimonio St. Bonifacii berichten, daß ein Fränkischer Graf Nahmens Regenswint dem heiligen Bonifacius diesen Ort nebst mehreren andern geschenkt habe. Auf dem Sanct Petersberg bei Marckt Bergel stand ehemals eine Kapelle für Wallfahrende, die sehr häufig besucht, aber nachher eingerissen wurde. Pastorius l. c. p. 368. Historische Nachricht von Nürnberg p. 80.

***) Diese Stadt hat vorzüglich den Bergwerken ihre Aufnahme zu danken, die besonders an

kaufte er von dem Grafen Friedrich von
Truhendingen die Burg Colmberg und
den Ort Leutershausen für 6200. Pfund
Heller. **) In eben diesem Jahre erkaufte er Castell und Klein-Langheim von
dem Grafen Herrmann von Castell. ***)
Im Jahr 1326. erlangte er die Orte Ho-
henstadt, Gründlach, Bruck und Tennenlohe ****) von Gottfried von Brauneck, so viel dessen Antheil betraf, für

Zinn sehr reich waren.† Ein Bürger Namens
Wann, der sich durch diese Bergwerke sehr
bereichert hatte, stiftete daher im Jahr 1467.
das dasige Hospital. Mehr Nachrichten dieser Stadt findet man in Pertsch orig. Voitlandiae et Wonsideliae e. i. al.

**) Pastorius l. c. p. 413. e. a.

***) Groß l. c. p. 144.

****) Gründlach wurde schon im Jahr 1346.
von den Burggrafen an Cunigunda, Graf Ottos von Orlamünda hinterlassene Wittwe ver-
kauft.

In Bruck haben die Nürnberger die Pfarre
und viele Unterthanen, die die Geuder und
Kölerische Familie im Jahr 1391. von dem
Herzoge von Stettin erkauften. Brandenburg
hat auch viele Unterthanen und die Jurisdiction.

In Tennenlohe hat das Haus Brandenburg
nur wenige Unterthanen, Groß l. c. p. 148. sq

7000. Pfund Heller. Im folgenden Jahre erkaufte er für 2000. Pfund Heller von Schweigern von Grundelfingen das Schloß Landeck ohnweit Stauf. *) Das Schloß und Amt Stauf und Ensfelden erkaufte er im Jahr 1328. für 1600. Pfund Heller. **) Endlich erlangte der Burggraf noch kurz vor seinem Ende im Jahr 1331. einen ansehnlichen Zuwachs seiner Lande durch den Kauf der Stadt Anspach, der Burg Dornberg, der Orte Schalkhauſſen, Wengenstatt, Wernspach und anderer dazu gehörigen Orte ***) vom Grafen Lud-

*) Groß l. c. p. 155.

**) Limnaeus ius publicum, L. V. c. 7. nr. 109.

***) Alle diese Orte gehörten zu der Herrschaft Dornberg. Von der Stiftung des Sanct Gumbrecht-Stifts, und daher entstandenen Erbauung der Stadt Anspach, ist schon im zweiten Abschnitte gehandelt worden. Es wuchs dieses unter der Diöces der Bischöffe von Würzburg gestandene Kloster nach und nach auf 20. Canonicate an, bis es im Jahr 1563. seculariſirt wurde. Die Stadt Anspach kam nachmals an die Herren von Dornberg, die schon im 12. Jahrhunderte Schutz und Schirmherren des Sct. Gumbrechtstiftes waren. Das Stammhaus dieser Herrn war die ohnweit Anwig von Oettingen für 23000. Pfund Heller,

Bald nach dieser wichtigen Acquisition verließ Friedrich IV, im Jahr 1332. am *Friedrich IV.. stirbt 1332.*

spach gelegene Burg Dornberg, von der man noch die Ruinen sieht. Da aber diese Familie im Jahr 1299. mit Wolfram von Dornberg ausstarb, so erbte seine Lande der Graf Friedrich von Oettingen, der des letzten Herrn von Dornberg Tochter Elisabeth zur Gemahlin hatte. Einer seiner Nachfolger Graf Ludwig verkaufte sie endlich im Jahr 1331. an den Burggrafen. Markgraf Georg Friedrich, ließ im Jahr 1587. ein prächtiges Residenzschloß daselbst erbauen, welches aber im Jahr 1729. abgebrochen, und neu erbaut wurde. Die Fürstliche Canzley ließ Georg Friedrich im J. 1594. aus dem alten Stiftsgebäude erbauen. Im Jahr 1528. wurde die alte Gottesackerkapelle zu einer lateinischen Schule eingerichtet. Carl Wilhelm Friedrich ließ aber das neue prächtige Gebäude erbauen, und verwandelte die lateinische Schule in ein Gymnasium, das von ihm Carolinum illustre benannt, und am 12ten Junius 1737. solenn eingeweiht wurde. Ohnfern des Gymnasiums steht das im Jahr 1727. von der Markgräfin Christiana Charlotte erbaute Zuchthaus. Das Hospital wurde von Georg Friedrich im Jahr 1562. gestiftet. Im Jahr 1709. stiftete Sophia Magdalena, verwittwete von Crailsheim, das dasige große Waisenhaus, und im Jahr 1727. Maria Barbara, verwittibte von Neuhauß, ein Wittwenhaus für 12. Wittwen. Siehe J. F. Georgii Nachricht von der Stadt und Markgrafthum Anspach. Falkenstein l. c, T. II, p. 300. seq.

20ten Mai diese Welt, und wurde in der Klosterkirche zu Hailsbronn beigesetzt. Er hatte mit seiner Gemahlin Margaretha, des Herzogs Albert von Kärnthen Tochter 5. Prinzen und 3. Prinzeßinnen gezeugt. Die älteste, Catharina, vermählte sich mit dem Grafen Eberhard von Wertheim; die zweite, Agnes, mit dem Grafen Berthold von Graisbach, und die dritte, Margaretha, mit dem Grafen Adolph von Nassau. Von den Söhnen traten zwei in den geistlichen Stand. Der zweite, nehmlich Friedrich, wurde Bischof zu Regensburg, und der fünfte, Berthold, Bischof zu Eichstätt, welcher die St. Willibaldsburg daselbst erbauen ließ. Der älteste, Johann, der dritte, Konrad und der vierte, Albrecht, traten gemeinschaftlich die Burggräfliche Regierung an. Wir wollen hier, weil die

Strebels Historie des Sanct Gumbrechtstiftes zu Onolzbach. Stiebers hist. topogr. Nachr. v. Fürst. Onolzb. p. 201 — 234., p. 321 — 329. p. 696. 936. und 939.

beiden letztern ohne männliche Nachkommen verstarben, und Johann allein das Burggräfliche Haus fortpflanzte, von diesen beiden zuerst handeln, um den Leser besser im Zusammenhange der Geschichte zu erhalten.

Fünfter Abschnitt.

Regierung der drei Burggrafen, Conrad IV. Albrecht des Schönen und Johann II. 1332 — 1358.

Conrad IV. 1332 – 1334. Conrad IV. hatte sich noch bei Lebzeiten seines Vaters in Kaiserlichen Kriegsdiensten nach Italien begeben, und machte sich daselbst um den Kaiser Ludwig den Baiern so verdient, daß er ihm die Statthalterschaft über die Herzogthümer Lucca, Pistoja, Luna und Volterra übergab. Da er sich aber nachmals in eine Prinzessin des Castruccius eines Gegners des Kaisers verliebte, so nahm dieses der Kaiser so übel auf, daß er ihn der Statthalterschaft entsetzte. Conrad kehrte hierauf nach Deutschland zurück, und starb am 5ten April 1332, unvermählt, und ward in der Klosterkirche zu Hailsbronn beigesetzt. *)

*) Falkenstein l. c. p. III. p. 140.

Albrecht, den man wegen seiner über- **Albrecht der Schöne** aus einnehmenden Gestalt, den Schö- 1332 — nen nannte, war der vierte Sohn des 1361, Burggrafen Friedrich IV. gebohren im Jahr 1304. Er war ein Herr von großen Gaben sowohl des Leibes als des Geistes, daher ihn auch Ludwig der Baier sehr hochschätzte. Nach dem am 11ten October 1347. erfolgten Tode dieses Kaisers wurde verschiedenen Fürsten und unter andern auch dem Burggrafen Albrecht die Kaiserkrone angeboten, die er aber wegen des mächtigen Mitbewerbers, Carl IV. Königs von Böhmen, ausschlug. *) Durch seine Gemahlin Sophia erbte er nach dem Tode ihres Vaters, Heinrichs XII. gefürsteten Grafen von Henneberg, in der Hennebergischen Ländertheilung, die Stadt Schmalkalden und andere Orte, die er seinen beiden Töchtern Margaretha und Anna, davon sich die erste mit dem Landgrafen Balthasar von Thüringen, und die andre mit Suantibor Herzog von Pommern ver-

*) Rentsch l. c. p. 117. de Ludwig in Germ. princ. p. 489.

mählte, zum Heurathsgut mitgab.*) Die Erzehlung, daß die Gräfin von Orlamünda aus Liebe zu diesem Burggrafen ihre Kinder ermordet habe, gehört unter die Sagen der Vorzeit, und ist daher keiner weitern Aufmerksamkeit des Geschichtschreibers würdig. Burggraf Albrecht starb am 3ten April 1361. und daher fiel die Regierung allein an seinen Vettern Friedrich V., der indeß seinem Vater Johann II. gefolgt war.

Johann II.
1332 –
1353.

Johann II., ältesten Sohns des Burggrafen Friedrich IV. Geburtsjahr ist unbekannt. Er trat nach dem Tode seines Vaters gemeinschaftlich mit seinen Brüdern die Regierung an. Im Burghäuser Vertrag vom Jahr 1341. machte er mit Albrecht dem Schönen aus, daß sie beide ihre Lande gemeinschaftlich und ungetheilt regieren wollten, und daß keiner ohne des andern Erlaubniß etwas von den Burggräfl. Landen veräußern sollte.**)

*) Groß l. c. p. 195. e. al.
**) Dieser Vertrag ist in Herrn Archivsecretair

Johann mußte sich sehr oft in Reichsangelegenheiten des Kaisers Ludwig des Baiern außer seinen Landen aufhalten, daher ihn auch dieser Kaiser viele Gnadenbezeigungen erwieß. Er ertheilte ihm im Jahr 1338. die Schutzgerechtigkeit über das Kloster Eberach. *) Im Jahr 1341, versetzte er ihm die Reichsstadt Windsheim für 3000. Pfund Heller. **) Im Jahr 1346, de dato Rom Montags vor Himmelfahrt ernannte er ihn zum Statthalter der Mark Brandenburg, mit welcher er seinen Sohn Ludwig den Römer belehnt hatte. ***) Beide Burggrafen blieben ihm aber auch bis an sein Ende getreu, und da ihm Carl IV. zum Gegenkaiser gewählt wurde, hielten sie dem Kaiser Ludwig, so lange er lebte, 200. Reuter zu seinen Diensten. Diese

Seine Verdienste um das Reich, und Belohnungen derselben unter Ludwig dem Baiern.

Henzels Geschichte von Berneck wörtlich zu finden.

*) Reinhards Brandenburg. Historie, p. 15. e. a.

**) Die sich aber selbst wieder auslöste. Pastorius l. c. p. 339

***) Rentsch l. c. p. 323.

Treue belohnte hinwiederum der Kaiser mit einem Privilegio de dato Landshuth nach Johannis Baptistä Tag 1347., in welchem er alle Privilegia und Freiheiten, die den Burggrafen Schaden bringen könnten, für null und nichtig erklärte. (Jung l. c. p. 14.) Der Gegenkaiser Carl konnte auch nicht aufkommen, so lange Ludwig lebte. Endlich starb dieser am 11ten October 1347. durch einen Schlagfluß plötzlich, da er eben bei dem Kloster Fürstenfeld zwischen München und Augsburg auf die Jagd ritt, dahin ihn Burggraf Johann begleitete und ihm bis an sein Ende beistand. *)

unter Carl IV, Die beiden Burggrafen hielten es nun für das klügste, Carls IV. Parthei zu ergreifen, und blieben ihm von der Zeit an mit eben so unveränderlicher Treue als Ludwigen ergeben, daher er ihnen auch viele Privilegien und Freiheiten ertheilte

---

*) Die Wiese, worauf er starb, heißt noch die Kaiserwiese. N. Burgundus in histor. Bav. p. 180. Pfeffinger Vitriarius illustrat, et a.

Im Jahr 1347. gab er ihnen Erlaubniß alle Raubschlösser in ihren Landen zu zerstören, mit der Versicherung, daß sie mit dem Eroberten belehnt werden sollten, welches er im Jahr 1355. zu Regensburg bestätigte.*) Im Jahr 1348. versetzte er ihnen die Reichsstadt Windsheim aufs neue für 28000. fl., die sich aber zum zweitenmal wieder selbst auslößte. **) Im folgenden Jahre richtete der Kaiser mit beiden Burggrafen und andern Fürsten, Bischöfen und Grafen in Franken ein Bündniß auf, den Frieden aufrecht zu erhalten, und den Räubereien der Edelleute Einhalt zu thun, welches man den Landfrieden in Franken nennt.***) Im Jahr 1355. ertheilte der Kaiser den Dörfern Baiers-

---

*) Falkenstein l. c. T. III. p. 144. Rentsch l. c. Limnaeus l. c. et a. Alle Diplomata hierüber findet man in Falkensteins Codice Diplom.

**) Paſtorius in Franconia rediviva, p. 339. und Ebendeſſelben Beschreibung der Stadt Windsheim p. 107.

***) Lorenz Friese Bischöfl. Würzburgische Historie, p. 638.

dorf, Muschen, Markt Bergel, Caſ-
ſendorf, Wonſees und Roßſtall Stadtgerechtigkeit, der Stadt Wonſiedel aber
ertheilte er unter dem nehmlichen Dato,
Rom den 23ten Abril 1355, alle Rechte und Freiheiten der Stadt Eger. **)

Vermeh-
rung ſeiner
Lande

Burggraf Johann war aber auch auf
die Vermehrung ſeiner Lande rühmlichſt
bedacht. Im Jahr 1338. brachte er die
Orlamündiſch Meraniſchen Lande an
ſich. Es iſt ſchon oben gemeldet worden, daß Friedrich III. im Jahr 1260.
mit ſeinem Schwager, dem Grafen Otto I. von Orlamünda, eine Erbverbrüderung geſchloſſen, daß, wenn eine von
beiden Familien ausſterben ſollte, die
andre die geerbten Meraniſchen Lande
erhalten ſollte. Nun lebte zu Johanns II.
Zeiten des Grafen Otto I. Sohn Otto II. mit ſeiner Gemahlin Cunigunda
ohne Kinder, und ſtand ſchon in einem

**) Davon das Diplom in Pertſch orig. Voitlan-
diae et Wonſideliae. P. I. c. X. p. 6. enthalten.

so hohen Alter, daß er keine Erben mehr hoffen konnte. Da er nun ohnedem schon die Stadt Culmbach für 4000. Pfund Heller dem Burggrafen versetzt hatte, so überließ er ihm auch das übrige noch bei seinen Lebzeiten für 7000. Pfund Heller. Durch diesen Kauf bekam der Burggraf Johann, denn Albrecht hatte keinen Theil daran, die Stadt Culmbach nebst der Festung Plaßenburg, Caßendorf, Trebgast, Himmelkron, Berneck, Gefrees, Bischofsgrün und das Fichtelgebürg. *) Im

*) Der Kaufbrief ist in Herrn Archivraths Henze zu Baireuth, Geschichte von Berneck enthalten.

Der Ursprung der Stadt Culmbach ist völlig unbekannt, wie auch der Festung Plassenburg. Ihre folgende Geschichte wird im Verfolg dieser Geschichte vorkommen.

Caßendorf erhielt im Jahr 1355. von Carl IV Stadtgerechtigkeit.

Trebgast hat seinen Ursprung einer ehemals daselbst gestandenen Kapelle St. Rochi zu danken, welche für einen Nothhelfer wider die Pest gehalten wurde, daher häufige Wallfahrten dahin geschahen, und sich deswegen viele Leute daselbst anbauten. (Groß l. c. p. 179.)

Himmelcron hieß sonst Pretzendorff. Der

Jahr 1343. erkauften beide Burggrafen noch von dem Grafen von Orlamünda Wonsees und Zwernitz für 409. Mark Silbers, *) und im folgendem Jahre von

Graf Otto II. von Orlamünda stiftete daselbst im Jahr 1280. ein adeliches Jungfrauen Cistercienserkloster, und dotirte es sehr reichlich. Die Aebtissinnen sind alle in Brusch Chronologia monast. German. p. 131. seq. angeführt.

Das Städtchen Berneck soll, nach Herrn Henze Geschichte dieses Orts, schon zu den heidnischen Zeiten gestanden seyn, und von einem alten Gotte Perun seinen Namen haben. Zu Anfang des 11ten Jahrhunderts soll erst eine christliche Kirche an die Stelle des vorigen heidnischen Tempels erbaut worden seyn. Im Jahr 1480. bauete Veit von Wallenrod daselbst eine Capelle, davon man noch die Spuren sieht. Die dasigen Burgen waren keine Adelichen Raubschlösser, sondern waren Wohnungen der Herrn von Wallenrode, der Amtleute daselbst, und Fürstliche Festungen.

Gefrees war ehedessen eine Wildniß. Weil aber daselbst die Straßen von Böhmen und Sachsen zusammen treffen, so wurde zuerst ein Wirthshaus dahin erbauet, welchem bald mehrere Häuser folgten. Groß l. c. p. 181.

Bischofsgrün, am Fuße des Ochsenkopfs hieß ehedessen Brunngrün, und soll erst von dem Weihbischoff, der die dasige Kirche dem heiligen Egidio widmete, also benannt worden seyn. Groß l. c. p. 181.

*) Wonsees ist der Geburtsort des berühmten Professors und Poeten Taubmanns.

von eben diesem Grafen die Orte Meningau, Wirsberg, Goldkronach und Mittelberg *); auf welche Orte sich schon eine unbekannte Summe geliehen hatten. Im Jahr 1348. kauften sie beide das Städtchen Weißenstadt nebst dem Schlosse Rudolphstein von Abt Franz Kriebel von Waldsachsen für 2200. Pfund Heller. **) Im Jahr 1352. erlangten

Zwernitz war ehedessen blos ein sehr festes Schloß, das sich bei einiger Ausbesserung noch gegenwärtig halten könnte. Es erhielt nach der Zeit wegen der vortreflichen dort gemachten Anlagen und kleinen Lustschlösser, den Namen Sanspareil, welchen es in seinem ganzen Umfange verdient. Es hat übrigens nur wenige Wohnhäuser.

*) Von Wirsberg hatten die Herrn von Wirsberg noch einen ziemlichen Antheil, welcher aber nach dem Aussterben dieser Familie im Jahr 1670. ans Fürstl. Brandenburgische Haus heimfiel.

**) Weißenstadt hieß ehedessen Weißenkirchen, und gehörte der adlichen Familie von Hißberg, die es dem Kloster Waldsachsen legirte. Dieses verkaufte es aber deswegen an die Burggrafen, weil die Herren von Hißberg nachmals noch etwas daran prätentiren wollten. Das Schloß Rudolphstein kam auf eben die Art an Waldsachsen, und an die Burggrafen. Es ist gegenwärtig unter dem Namen Rollenstein bekannt, und dessen Ruinen sind noch auf dem

F

sie das Amt Lauenstein von Albrecht Nothhaft von Tierstein für eine unbekannte Summe. Im Jahr 1354. erbten sie, durch das Aussterben der Schlüsselbergischen Familie, mit dem Grafen Conrad, einen Theil von dessen Landen, Wirzburg, Bamberg und die Burggrafen waren nehmlich Oberlehensherrn dieser Grafen. Sie stellten daher zu Iphofen eine Zusammenkunft an, und verglichen sich also, daß die Bischöfe die Städtchen Ebermannstadt und Schlüsselfeld nebst den Schlössern Senftenberg und Thunfeld, die Burggrafen aber den Flecken Neuhof, die Hälfte von Retzenstein und das Schloß Rabenstein erhielten. *) Im Jahr 1355. erkauften beide Burggrafen das Amt Ferinden vom Domkapitul von Eichstätt für 8000 Pfund

---

Berge gleiches Namens anzutreffen. Es ist völlig in einem natürlichen Felsen gebauet, und liegt eine Stunde von Weißenstadt und ein und eine halbe Stunde von Bischofsgrün.

*) Lorenz Friese Bischöfl. Würzburgische Chronic p. 637.

Heller. *) In eben diesem Jahre kauften sie von den Voigten von Weida das feste Schloß Epprechtstein und ein Viertel des Fleckens Kirchenlamitz für 1000. Pfund Heller, und zugleich die andern drei Viertel dieses Fleckens für 8000. Pfund Heller von Wilhelm von Seckendorf. **) Um eben diese Zeit kauften sie den ansehnlichen Ort Baiersdorf, davon aber das eigentliche Jahr unbekannt ist. ***) Auch soll Burggraf Johann die Feste Schönberg ohnweit Tauff erlangt haben, die vormals den Herzogen von Hohenstauffen gehörte.

Beide Burggrafen stifteten im Jahr 1340. zu Culmbach ein Mönchs Augustinerkloster zur Abwendung einer damals

Stiftung des Augustinerklosters zu Culmbach.

---

*) Groß l. c. p. 207. Reinhard l. c. p. 17. et a.

**) Dieser Ort gehörte ehedessen dem Reiche, wurde aber nachher den Herren von Sachs verliehen, die ihn an die Voigte von Weida und an die Herren von Seckendorff verkauften. Lairitz diſs. de Burggrav. Norico. p. 33.

***) Groß l. c. p. 205.

sechs Jahre lang fast im ganzen Reiche graßirenden Pest. *)

Johann II. stirbt 1357. Burggraf Johann II. starb im Jahr 1357, **) und wurde in der Hailsbronner Klosterkirche beigesetzt. Er hatte mit seiner Gemahlin Elisabeth, Berthold X., ersten gefürsteten Grafen von Henneberg, Tochter, einen Prinzen und vier Prinzessinnen gezeugt. Die älteste, Margaretha, vermählte sich mit dem Herzog Stephan von Baiern, des Kaisers Ludwig des Baiern, zweiten Sohn, und die zweite, Elisabeth, mit dem Grafen Ulrich von Schaumburg. Die dritte,

---

*) Doct. Luther kam im Jahr 1518., da er zu seiner Verantwortung hier durch nach Augsburg reiste, in dies Kloster, wo er einkehrte. Er versicherte, daß er noch nirgends in Deutschland ein so schönes Augustinerkloster angetroffen habe. Es wurde dasselbe im Jahr 1554. da die ganze Stadt im Marggräflich Albertinischen Kriege ruinirt wurde, mit eingeäschert, und nicht wieder erbauet, Rentsch l. c. p. 382. Falkensteins Nordg. Alterth. P. III. p. 146. et al.

**) Spieß, Aufklär. in der Geschichte und Diplomatik, p. 41. seq.

Anna, wurde zuerst im Kloster Birkenfeld und dann zu Himmelcron Aebtissin, und die vierte, Adelheid, folgte ihrer Schwester im Jahr 1370. als Aebtissin zu Birkenfeld. Der einzige Prinz Friedrich folgte seinem Vater in der Regierung.

Sechster Abschnitt.

Regierung des Burggrafen Friedrich V. 1358 — 1398.

Friedrich V 1358 — 1398.

Friedrich V. mit dem Beinamen Conquestor, wegen der ansehnlichen Vermehrung seiner Lande, trat nach dem Tode seines Vaters die Regierung gemeinschaftlich mit seinem Onkel Albrecht dem Schönen an. Da aber dieser schon im Jahr 1361. starb, so fiel die Regierung **Seine** allein auf ihn. Er stand so wie sein **Verdienste** Vater bei dem Kaiser Carl IV. sehr in **um das** **Reich, und** Gnade, welcher sich auch seiner in ver- **Beloh-** schiedenen Reichsangelegenheiten bedien- **nungen** **derselben** te. Dieser Kaiser ertheilte ihm im Jahr 1361. die Münzgerechtigkeit auf Heller und Pfennige, und ernannte die Städte Baireuth, Culmbach, Neustadt an der Aisch und Langenzenn zu Münzstädten, welches Privilegium er im Jahr 1366. bestätigte und bis auf kleine Gulden extendirte. *) Im Jahr 1362. ernannte er den Burggrafen, während seiner Abwesenheit in Böhmen, zum Reichsvicarius in Franken und ließ an alle Stände in Franken Befehl ergehen, ihm zu gehorchen. **) Im Jahr 1363. übergab er ihm die Landgraffchaft Elſaß auf lebenslang zu genießen, und zwei Jahre hernach gab er ihm die Verſicherung, daß alle Lehen, die während der Zeit in Elſaß heimfallen würden, ihm und ſeinen Nachkommen verliehen werden ſollten. Der Burggraf ließ hierauf Elſaß durch Heinrichen von Veſtenberg in ſeinem Namen in Beſitz nehmen, und durch ihn verwalten. ***) Auf dem Reichstage zu Nürnberg im Jahr 1363. beſtätigte ihm dieſer Kaiſer nicht nur ſeine Fürſtliche Würde, ſondern extendirte ſie auch mit Bewilligung der Churfürſten auf alle Privilegia und Regalia, die damals die

*) Diploma in Lünigs Reichshiſtorie p. 301. e. a.
**) Rentſch l. c p. 323.
***) Falkenſtein l. c. T. III. p. 170.

Churfürsten ausschliessend zu geniessen hatten. Unter andern ertheilte er ihm die Bergwerks-Rechte in seinen Landen, worüber er ihm eine güldene Bulle de dato Nürnberg am 17ten März 1363. ertheilte, *) unter welche sich der Kaiser und alle Churfürsten unterschrieben hatten.**) Im Jahr 1366. verließ er

*) d. Dipl. siehe in Falkenstein l. c. p. 163. sq. Limnaeus ius Publicum T. II. L. V. C. 7. nr. 7. 130. e. a.

**) Ludwig der Baier ertheilte zuerst dem Burggrafen Friedrich IV. im Jahr 1324. die Bergwerksrechte zwischen Plassenburg und Mönchberg, welche dann Carl V. aufs ganze Land erstreckte. Friedrich V. machte hierauf den Anfang mit der Fürstenzeche bei Goldkronach, welcher vorzüglich dieses Städtchen seine Aufnahme und Rechte zu danken hat. Es erhielt Stadtgerechtigkeit wie Culmbach, und Bergfreiheit wie Jslau in Mähren. Das vorzüglichste Werk war die Fürstenzeche, die jährlich 20. Mark reines Gold Ausbeute gab. Der Hanitzenschacht gab zu Albrecht Alcibiades Zeiten allein 12 bis 1600. Ducaten jährlich Ausbeute. Man kann sich von der Glückseligkeit der Goldkronacher Bergwerke einen Begriff dadurch machen, daß 500. Bergleute, die zu Kupferberg Schicht gemacht hatten, am nehmlichen Tage bey den Goldkronacher Werken alle angenommen worden, und gleich eingefahren sind. Marggraf Christian ließ noch Ducaten von diesem Golde schlagen, mit der Umschrift: Parturiunt montes, perfectum nascitur aurum. Nach Goldkronach

dem Burggrafen den Zoll zu Selſe am Rhein. Im Jahr 1375. übergab er ihm die Feſte Wald nebſt dem dazugehörigen

fieng man auch vorzüglich um Wonſiedel und Naila an die Bergwerke zu betreiben, welche beide Orte, ſo wie Goldkronach, den Bergwerken ihre Aufnahme zu danken haben. Die Wonſiedler Werke waren beſonders an Zinn ſehr reich, und es waren ehemals daſelbſt 24. Zinnherde; Naila aber hatte mehr Eiſen und Vitriol, und vortrefliche Marmorbrüche, davon noch ein Ueberfluß vorhanden iſt. Der Marggraf Chriſtian ließ im Jahr 1619. eine Bergordnung zum Druck ergehen, die auch im Auslande ſo beliebt war, daß ſie in Sachſen und Böhmen angenommen wurde, und noch bis jetzt zur Entſcheidung der Bergrechte daſelbſt dienet. Wahrſcheinlich ſind auch die Bergleute auf dem Harze und auf dem Ertzgebirge von hier dahin gekommen, theils weil ſie einerlei Sitten und Gewohnheiten mit einander haben, theils weil, beſonders auf dem Ertzgebirge, viele Benennungen von Orten und Bergen von Franken vorkomen, als Schneeberg, Lichtenberg, Lauenſtein, Langenau und viele andere. Das goldne Zeitalter dieſer Bergwerke dauerte aber nur bis zum 30jährigen Krieg. Die Hüttenleute wurden theils verjagt, theils konnten ſie aus Geldmangel nicht unterhalten werden, und ſo giengen die meiſten und beſten Werke ein. Der Berg-Bau wurde zwar nach dieſem verheerenden Kriege wieder angefangen, hat aber, bis jetzt noch, nur einen ſehr geringen Theil ſeines ehemaligen Glückes wieder erlanget. Gold und Silber trifft man faſt nirgends in den gangbaren Werken an. Gegenwärtig ſind 3. Berg-Amts Reviere in Baireuthiſchen, zu Goldkronach, Wonſiedel und Naila, davon jede ihren Bergmeiſter hat. Das ſtärkſte iſt das Nailaer,

Orte gleiches Namens zu Lehen, davon Appel von Crailsheim noch den 4ten Theil in Besitz hatte, der ihm aber im Jahr 1386, von dem Burggrafen zu Lehen nahm. Der Kaiser schloß auch mit dem Burggrafen eine gegenseitige Eheverbindung zwischen ihren Kindern. Der Burggräfliche Prinz Johann sollte nehmlich die Kaiserliche Prinzessin Margaretha, und der Kaiserliche Prinz Sigismund die Burggräfliche Prinzessin Catharina heurathen. *) Ersteres geschah würklich; Sigismund aber hielt es für sein Privatinteresse für nützlicher, sich mit der Prin-

---

und das Goldkronacher das schwächste. Diese Bergwerke erhalten viele Hammerwerke, die viel Geld ins Land bringen, und davon die Nailaer Revier die meisten hat. Vielleicht werden jetzt von der Preußischen Regierung manche Verbesserungen angebracht, mit welchen man auch schon den Anfang gemacht hat. Man könnte, nach dem Zeugniße der Bergleute, wohl wieder auf das ehemals gefundene Gold stoßen, wenn man die alten Gänge, die noch vorhanden sind, wieder bearbeiten wollte, wozu aber kein Privat, sondern ein Königlicher Beutel erfordert wird.

*) Kölers Münzbel. 10. Stück, p. 78. seq. Falkenstein l. c. et a.

zeſſin des Königs Ludwig von Ungarn, Maria, zu vermählen, durch welche er denn auch Ungarn erbte. Catharina begab ſich daher in das St. Klara Kloſter zu Hof, wo ſie Aebtiſſin wurde. Der Kaiſer Carl IV. ſtarb am 29ten November 1378. und ihm folgte ſein des Thrones unwürdiger Sohn Wenzeslaus. Dieſer ſchloß, weil er ſtets befürchtete, abgeſetzt zu werden, im Jahr 1387. einen Vergleich mit dem Burggrafen, daß ihm derſelbe gegen ſeine Feinde Beiſtand leiſten ſolle, wogegen er ihm alle Jahre 1000. fl. Subſidien-Gelder auszahlen ließ. *)

Auch gegen andre Deutſche Fürſten hatte dieſer Burggraf manche Verdienſte. Er übernahm im Jahr 1373, während der Abweſenheit des Biſchofs Ludwig von Bamberg auf deſſen Bitten die Verwaltung ſeiner Lande. **) Im Jahr 1378,

*) Rentſch l. c. p. 338.
**) d. Diplom. ſiehe in Reinhards Beiträgen zur Hiſtorie Frankenlandes, Th. 3. S. 7.

entschied er die zwischen dem Bischof von Bamberg und dem Landgrafen von Thüringen entstandenen Streitigkeiten, u. a. m.

Vermehrung seiner Lande

Aber auch um die Vermehrung seiner Lande machte sich Burggraf Friedrich ausserordentlich verdient, daher er auch den Beinamen Conquestor erhalten hat. Im Jahr 1362. kaufte er den Flecken Embskirchen von Götz von Seckendorff für 1200. Pfund Heller *) Im Jahr 1364. kaufte er von dem Grafen Johann von Nassau die Stadt Schwabach, das Schloß Cammerstein und Kornburg nebst den dazu gehörigen Dörfern und Gütern für 15400. Pfund Heller. **) Im fol-

*) Pastorius Franconia rediviva p. 395.

**) Die Stadt Schwabach gehörte ehedessen den Herzogen von Schwaben, und wurde vom Herzog Friedrich, Kaiser Conrad III. Sohn, dem Kloster Ebrach geschenkt. Diesem kaufte sie aber Kaiser Heinrich VI. wieder ab, und schenkte sie im Jahr 1193. dem Kloster wieder. Im Jahr 1281. verkaufte das Kloster diese Stadt wieder an dem Kaiser Rudolph von Habsburg für 750. Pfund Heller. Rudolphs Sohn, Albert I. verkaufte sie wieder an die Grafen von Nassau, und diese an dem Burggrafen. Groß l. c. p. 217.

genden Jahre brachte er das Dorf Nesselbach vom Endres von Rindsmaul für 300. fl. an sich; da die Stadt Rothenburg aber noch viele Unterthanen darinn hatte, so wechselte sie der Burggraf gegen andere im Rothenburgischen angesessene Burggräfliche Unterthanen aus. *) Um eben diese Zeit versetzte der Kaiser Carl IV. dem Burggrafen die Reichsstadt Feuchtwang für 50000. fl. **) Im Jahre 1366. erkaufte der Burggraf die Feste Hohentruhendingen und den Ort Heidenheim für 17000. fl. vom Herzoge von Baiern. ***) Im Jahr 1368. käufte er

*) Groß l. c. p. 218.

**) Da nachher Johann III. und Friedrich VI. dem Kaiser Rupprecht noch 20000. fl. nachzahlten, so blieb sie beim Burggrafthume eigen. Das daselbst schon im Jahr 810. vom Carl M. gestiftete Kloster Benedictinerordens, zu Ehren der Jungfrau Maria, wurde im Jahr 1363. secularisirt.

***) Hohentruhendingen oder Trüdingen ist das Stammhaus der ehemals so berühmten Grafen von Hohentruhendingen. Diese verkauften es an die Grafen von Schaumberg, und diese wieder an ihren Schwager, den Grafen Ludwig von Oettingen, und diese an Baiern. Groß l. c. p. 220.

Marckendorff von Engelhard von Wönt-
den für eine unbekannte Summe. *)
In eben diesem Jahre kaufte er von
Wilhelm von Seckendorf für 22000.
Pfund Heller die Stadt Gunzenhau-
sen. **) Eine eben so wichtige Acquisition
machte er durch den Kauf der Stadt Was-
sertrüdingen im Jahr 1371. von den
Grafen Gottfried und Gerlach von Hohenlohe für 33000. Pfund Heller. ***)

Zu Heidenheim stiftete der heilige Wunnibald, ein Engländer, und Bruder des heiligen
Willibalds, im Jahr 722. ein Kloster für Be-
nedictiner Mönche. Er starb daselbst im Jahr
761. als Abt und wurde daselbst begraben.
Auch ist die daselbst gestorbene heilige Walbur-
gis allda begraben. Groß l. c. p. 220. sq.

*) Groß l. c. p. 223.

**) Diese Stadt stand schon vor Carl M. Zeiten.
Sie wurde schon vom heiligen Wunnibald mit
zum Stift Ellwang geschlagen. Das Chronic.
Gottwicense sagt auch p. 686. T. I.: Daß die
Söhne Ludwig des Deutschen hier ihre Länder
getheilt hätten. Pastorius l. c. p. 402. Kölers Münzbel. T. IV. p. 222.

***) Diese Stadt gehörte ehedessen den Grafen
von Hohentrüdingen, von welchen sie an die
Grafen von Oettingen als nahe Anverwandte
kam. Diese verkauften sie aber wieder an die
Grafen von Hohenlohe. Lucä Grafensaal p. 1016
Falkenstein in Analectis Nordgav. 5. Nach-
lese. P. 355.

Im Jahr 1373. erkaufte er die Stadt Hof von Heinrich dem jüngern, Voigt von Weida, für 40500. fl. *) In eben diesem Jahre erkaufte er, von Erhard, Friedrich und Paul von Sparneck, das Städchen Mönchberg nebst den dazu gehörigen Dorfschaften für 5200. Pfund Heller. **) Im Jahr 1378. erlangte er die Stadt Uffenheim vom Grafen Gerlach von Hohenlohe für 24000. Goldgulden. ***) Im Jahr 1381. kaufte er

---

*) Die Stadt Hof gehörte ehemals zum Reiche, von welchem sie an die Voigte von Weida eigenthümlich gelangte. Ludwig der Baier ertheilte schon im Jahr 1323. den Burggrafen die Oberlehensherrschaft über dieselbe. Der Kaufbrief ist in dem Werke Nobilis territorio subiectus. Culmbach 1722. 7s Stück p. 211. seq. enthalten. Mehr von den Kriegsbegebenheiten dieser Stadt, dem Gymnasio und andern Merkwürdigkeiten wird in der Folge vorkommen.

**) Ueber diesen Ort ertheilte ebenfalls schon Ludwig der Baier im Jahr 1323. den Burggrafen die Oberlehensherrschaft. Groß l. c. p. 229.

***) Die Stadt Uffenheim gehörte ehedessen eigenen Besitzern, die sich davon Herrn von Uffenheim schrieben. Da diese ausstarben, kam sie an die Grafen von Hohenlohe, die sie schon im 13ten Seculo besaßen, und auch im Jahr

das Schloß Hoheneck nebst den dazu gehörigen Dörfern von den Herren von Seckendorf für eine unbekannte Summe *) In eben diesem Jahre kaufte er für 1000. Pfund Heller von Hanß von Seinßheim das Schloß Lennau oder Liebenau nebst den Orten Steppach, und Mönchaurach. **) Im Jahr 1384. kaufte er von Heinrich von Richau den Flecken

1360. das dasige Hospital stifteten, Pastorius l. c. p. 434. Mit diesem Orte bekamen wahrscheinlich die Burggrafen auch mit ein Recht ans Kloster Frauenthal. Dieses ehemalige Eistercienserkloster war das älteste im Lande, und soll nach den Nachrichten des Lorenz Friese 5. Jahr älter als das Stift Bamberg seyn. Groß l. c. p. 154.

*) Pastorius l. c. p. 405.

**) Das Benedictinerkloster Mönchaurach wurde schon im Jahr 1158. von einem Herrn von Aurach gestiftet, und stand unter Würzburgischer Diöces. In diesem Kloster war auch eine Gesellschaft von frommen Edelleuten, die alle mit Säcken auf der Achsel in der Kirche und den Kreuzgängen an die Wänden abgebildet sind. Zwischen Frauenaurach und Mönchaurach zeigt man noch unterirdische Gänge, die von einem Kloster ins andre führen; und wodurch die Mönche bisweilen die Frauenauracher Nonnen in ihrer Einsamkeit mögen getröstet haben. Lorenz Friese Würzburg. Chronic. p. 490. et s.

cken Rehau für 800. Ungarische Goldgulden oder Ducaten, wie eine alte geschriebene Chronic berichtet. In eben diesem Jahre erkaufte er die sogenannten sieben vereinigten Dörfer, nemlich Ahornberg, Almbranz, Meyerhof, Laibersreuth, Jeßen, Werrenbach und Oelsnitz von Hannß von Sparneck für 900. Pfund Heller, *) und im Jahr 1386. kaufte er den ansehnlichen Marcktflecken Schauenstein für 12617. Pfund Heller, theils von Ott, theils von Hans und Heinrich von Wolffsteigel. **)

Dieser sowohl um seine Lande als um das ganze Deutsche Reich so rühmlichst verdiente Burggraf muste noch gegen das Ende seiner Regierung die Kränkung erfahren, seine Lande durch eine verderb-

Krieg zwischen den Fürsten u. Städten.

---

*) Den Namen vereinigte Dörfer erhielten sie von dem Rechte, Burgermeister und Rath, aber alle 7. gemeinschaftlich zu haben. Sie versammlen sich alle Jahre einmal zu Ahornberg, und berathschlagen sich allba. Pastorius l. c. p. 380. et a.

**) siehe Spieß Aufklär. in d. Geschichte und Diplomatik, p. 16.

G

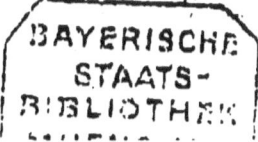

'iche Kriegsflamme verwüstet zu sehen.
Es brach dieser blutige Krieg im Jahr
1388. zwischen den Deutschen Fürsten
und Reichsstädten aus; um aber dessen
Entstehung besser einzusehen, müssen
wir etwas auf die Quellen desselben zurück gehen. Die Städte besaßen zu damaligen Zeiten fast ausschliessend den
ganzen Handel in Deutschland, und mit
diesem auch Reichthum und Ueberfluß,
da im Gegentheile die Fürsten, die nach
den damaligen herrschenden Vorurtheilen
es ihrer Würde für nachtheilig hielten,
auf die Beförderung der Handlung und
Künste einige Zeit zu verwenden, entweder von den Städten borgen oder darben musten. Dieses warf den ersten Funken des Neides und der Zwietracht in
die Herzen der Fürsten. Sie fiengen öffentlich an, die Räubereien der Edelleute zu begünstigen, welche die von den
Messen nach Hause reisenden reichen
Kaufleute erleichterten. Die Städte
fiengen daher an, sich selbst mit Gewalt
Recht zu verschaffen, und dies sahen die

Fürsten als einen Eingriff in ihre Rechte an. Die Erbitterung und das gegenseitige Mißtrauen wuchsen daher immer mehr, bis sie endlich zuerst zwischen den Schwäbischen Städten und den Grafen Eberhard und Ulrich von Würtenberg zu öffentlichem Kriege ausbrachen. Dieser mächtige Graf wurde bald bezwungen und mußte den Städten nachgeben; denn damals, da die Soldtruppen noch gewöhnlich waren, hatte immer der das stärkste Heer auf den Beinen, welcher das meiste Geld hatte. Die Städte, auf diesen neuen Triumph stolz, fiengen von selbst an, offensive zu handeln und die Fürsten in ihren Rechten zu beeinträchtigen. Sie griffen die Edelleute überall an, zerstörten ihre Raubnester und trieben sie sehr in die Enge.

Am meisten unter allen aber ließ die Stadt Nürnberg ihre Flügel wachsen, und suchte den Burggrafen immer mehr in seinen Rechten zu beeinträchtigen. Der erste Streit erhob sich im Jahr 1362.

Die Nürnberger rückten nehmlich ihre Ringmauern immer weiter in das Burggräfliche Gebiet heraus, und zogen Zölle und andre Rechte der Burggrafen an sich. Der Burggraf Friedrich beklagte sich daher beim Kaiser Carl IV. dessen Urtheil so ausfiel, daß die Nürnberger allen dem Burggrafen zugefügten Schaden ersetzen mußten. Doch dadurch wuchs der innere Groll nur immer mehr. Da nun im Jahr 1376. der Burggraf in Kaiserlichen Geschäften abwesend war, begiengen sie die Frechheit, um die Burg eine Mauer herumführen zu lassen, so daß niemand von derselben in die Stadt kommen konnte. Da sie Friedrich deswegen beim Kaiser verklagte, gaben sie vor, daß die Bedienten des Burggrafen während der Nacht in die Stadt liefen, und darinn allen Unfug anstellten Der Kaiser fällte, auf einem dazu bestimmten Tage zu Franckfurth, das Urtheil also, daß die Nürnberger ein Thor durch die aufgeführte Mauer mußten brechen lassen, welches in Friedenszeiten offen stehen sollte, und daß sie dem Burggrafen zur Ersetzung des Schadens 5000. fl. auszahlen sollten. Hingegen sollten sie, wenn künftig ein Diener des Burggrafen etwas in der Stadt anstellen würde, Macht haben, ihn wie einen ihrer Bürger zu bestrafen.

Aber dadurch wuchs die Erbitterung nur immer mehr, und die Städte liessen dieselbe den armen Edelleuten fühlen. Diese errichteten daher verschiedene Bündnisse unter einander gegen die Städte, darunter der Löwenbund, die Gesellschaft der alten Minne, die Falkner, St. Wilhelms und St. Georgenschild Gesellschaft die vornehmsten waren. Die Städte verbanden sich nun auch genauer, und im Jahr 1381. schlossen Mainz, Strasburg, Worms, Speier und Weißenburg am Rhein, eine Verbindung, welcher bald darauf 34. Schwäbische Städte beitraten, daher man diesen Bund nur den schwäbischen Bund zu nennen pflegte. Im

Jahr 1383. verbanden sie sich noch enger, und so, daß fast alle Städte beitraten. Den Vorsitz hatten die Städte Mainz, Frankfurth und Strasburg, im Námen der Städte am Rhein, Elsaß und Wetterau; Augsburg und Ulm im Namen der Städte in Schwaben, und Nürnberg im Namen der Städte in Franken und Baiern. Diese verbanden sich gegen den Erzbischoff Adolph von Mainz, den Pfalzgrafen Ruprecht, den Bischoff Gerhard von Wirzburg, den Herzog Leopold von Oestreich, den Burggrafen Friedrich von Nürnberg und den Grafen Eberhard von Wittenberg, und diese verbanden sich im Jahr 1385. wieder gegen jene. Dem Bündniße der Städte traten im Jahr 1385. sogar die Schweitzer-Cantons Bern, Zürch, Solothurn und Zug bei, weil der Herzog Leopold von Oestreich ihre Freiheit aufs neue bedrohete.

Im Jahr 1387. am 27ten November nahm der Herzog Friedrich von Baiern den mit den Städten in Verbindung stehenden Erzbischoff Pilgrim von Salzburg, als er eben mit des Herzog Friedrichs Bruder, dem Herzoge Stephan, in dem Kloster zu Raithenhaßlach, eine Unterredung hielt, gefangen. Dies war die Losung zum allgemeinen Aufstand. Die Städte wollten ihren Bundsgenossen nicht im Stiche lassen, und griffen den Herzog von Baiern mit vereinten Kräften an; die Fürsten aber zogen mit ihrer gesammten Macht diesem zu Hülfe, und alles bereitete sich zum blutigen Kampf.

In der Schweitz war der Krieg schon einige Jahre früher gegen den Herzog Leopold von Oestreich ausgebrochen; aber die Schweitzer stritten nicht wie die Städte für ihre Pfaffensäcke, sondern für Freiheit und Vaterland. Dieses zeigte den Oestreichern Arnold von Winkelried in der Schlacht bei Sembach im Jahr 1386., in welcher Herzog Leopold selbst blieb. Sein Mitregent Albrecht III. setzte aber den Krieg hart-

nåckig fort, und daher konnten die
Schweitzer den Städten wenig Hülfe
leisten.

Im Jahr 1388. fielen die Städte
von Schwaben in Baiern ein und verwüsteten dieses Land schrecklich. Dagegen griff der Graf Eberhard von Wir-
temberg zu den Waffen, und bedrängte
die Stadt Reutlingen. Die Stadt Windsheim in Franken schickte derselben Hülfe zu, wurde aber dafür von dem Burggrafen mit einer harten Belagerung be-
drohet. Sie wehrte sich sieben Wochen lang verzweiflungsvoll, und der
Burggraf würde sie noch erobert haben,
wären nicht indessen die Nürnberger mit
1400. Mann zu Pferd und 1560. zu
Fuß, einen damals schon starken Heere
in das Burggräfliche Gebiet selbst eingefallen. Diese hausten darinn schrecklich. Zuerst fielen sie nach Langenzenn,
eroberten dieses Städtchen mit Sturm,
und nachdem sie es rein ausgeplündert
hatten, brannten sie es weg. Von da

rückten sie weiter, und eroberten das Schloß Altenberg, Schaumberg, Baiersdorf, Diesbronn, Neuhof, Häslach, Emskirchen, Cadolzburg und das Schloß Königsstein, welche Orte sie alle ausplünderten und wegbrannten. Kaum hatte der Burggraf von dieser Verheerung seiner Lande Nachricht erhalten, so hob er die Belagerung der Stadt Windsheim auf, und eilte demselben zu Hülfe. Er traf die Feinde so eben bei der Bestürmung der Feste Roßstall, griff sie unverzüglich an, und schlug sie in die Flucht. Sechzehn Mann von den Nürnbergern wurden erschlagen, und 100. gefangen genommen. Hierauf fiel der Burggraf selbst ins Nürnbergische ein, und brannte, bis auf die Stadt, alle Nürnbergische Orte weg. Diese brannten ihm dagegen die Vorstadt Wöhrd weg, darinnen viele Tuchmacher und andere Manufacturen waren, die dem Burggrafen jährlich große Summen eintrugen. Sie thaten hierauf auch einen Ausfall auf die Stadt Feuchtwang, und brannten sie bis auf das Stift und 3. Wohnhäuser ab. Nun zogen auch die Truppen der Stadt Dünkelspühl und andrer Schwäbischen Städte den Nürnbergern zu Hülfe, und brannten von Rothenburg bis Neustadt alle Burggräfliche Orte weg, so daß auf 5. Meilen weit alles einer Wüstenei gleich sah.

Nicht besser gieng es in den übrigen Landen; doch fast überall wurde der Stolz der Städte gedemüthigt. Unter den Landen der verbundeten Fürsten wurde das Wirtenberger Land, das die meisten Feinde auf dem Halse hatte, am schrecklichsten verwüstet, so daß über 1200. Flecken und Dörfer darinn in die Asche gelegt wurden, und man auf 10. bis 12. Meilen weit keinen Ort antreffen konnte, dagegen verfuhr der Graf nicht besser mit dem Gebiete der Schwäbischen Städte. Im Jahr 1388. schlug er das vereinte Heer der Städte in einem mörderischen Treffen bei Weil, wobei aber auch des Grafen Sohn blieb. Am Rhein wurden sie vom Pfalzgrafen Rupprecht bei Worms aufs Haupt geschlagen, welcher aus Rache wegen einiger ihm von den Städten weggebrannten Orte 60. von den Gefangenen in einem Kalchofen werfen ließ.

Da nun Kaiser Wenzel sich vom Herzog Friedrich von Baiern bereden ließ, den Bund der Städte, welchen er bisher begünstigt hatte, gar zu vernichten, so mußten diese überall zum Kreuze kriechen. Da ihnen nun ohnedem, wegen der derben Schläge, die sie überall erhielten, die Kriegslust ziemlich vergangen war, und sie auch von den Schweitzern, die im Jahr 1389. mit Oestreich Frieden schlossen, keine Unterstützung zu hoffen hatten, so willigten sie gerne in den von Wenzeln, auf einem dazu angesetzten Tage zu Eger, vorgeschlagenen Frieden, im Jahr 1389. *Friede zwischen den Fürsten und Städten.*

Friede mit Nürnberg. Mit der Stadt Nürnberg schloß der Burggraf im Jahr 1390. einen Separatfrieden, darinnen ausgemacht wurde, daß wenn beide hinfüro Streitigkeiten haben würden, kein Theil den andern angreifen sollte, ohne ihm vorhero schriftlich abgesagt zu haben. Dann sollten beide Theile noch ein halbes Jahr stille sitzen, und während des Kriegs sollte von beiderseitigen Unterthanen jedermann ungestört in des andern Land handeln und wandeln dürfen. *)

Friedrich V stirbt 1398. Nach diesem blutigen Kriege brachte unser Burggraf seine Tage in Ruhe und Friede zu. Im Jahr 1397. überließ er die Regierung seinen beiden Söhnen Johann und Friedrich, und behielt sich blos die Herrschaft Plassenburg vor. Er starb bald darauf am 21sten Jan. 1398. und wurde in der Klosterkirche zu Hails-

---

*) Ueber diesen Krieg siehe Schmidts Geschichte der Deutschen, VII. Buch 10. Cap. p. 13-35. Falkensteins Nordg. Alterth. t. III. p 17. sq. Groß, Brandenburg. Kriegsgeschichte, u. a. m.

bronn beigesetzt. Er hatte mit seiner Gemahlin Elisabeth, des Landgrafen von Thüringen, Friedrich des Ernsthaften, Tochter, neun Prinzeßinnen und zwei Prinzen gezeugt. Drei von den Prinzeßinnen traten in den geistlichen Stand, nehmlich Catharina wurde Aebtißin im St. Clara Kloster zu Hof, Agnes Klosterfrau in demselben Kloster und Anna Aebtißin zu Himmelkron. Vier vermählten sich, nehmlich Elisabeth mit dem Pfalzgrafen Rupprecht am Rhein und nachmaligen Kaiser; Beatrix, mit dem Herzog Albert III. von Oestreich; Margaretha, mit Herrmann dem Gelehrten, Landgrafen von Hessen, und Veronika, mit dem Herzog Barnim IV. von Pommern. Zwei Prinzeßinnen waren in der Kindheit gestorben. Die beiden obgenannten Prinzen folgten dem Vater in der Regierung, und nahmen die erste vollkommene Theilung der Burggräflichen Lande vor, darinn Johann die Lande oberhalb, Friedrich aber die Lande unterhalb Gebirgs erhielt. Diese Theilung hat sich nachmals fort erhalten, so daß dadurch zwei völlig abgesonderte Fürstenthümer entstanden sind, die dann auch von ihren Hauptstädten Onolzbach und Culmbach, und nachmals Baireuth ihre Namen bekamen.

Siebenter Abschnitt.

Regierung des Burggrafen Johann III. 1398 — 1420.

Johann III. regierte seine Lande sehr rühmlich, und mit vielem Einfluß auf das Deutsche Reich. Schon ehe er die Regierung antrat, wohnte er dem Kriege seines Schwagers, des Königs Sigismund von Ungarn, gegen die Türken bei. Bei der großen Niederlage, die Sigismund durch den Türkischen Kaiser Bajazeth am 29ten September 1396, bei Nicopolis litt, rettete er den König, durch einen in Eile herbeigebrachten Kahn, von der augenscheinlichsten Gefangenschaft, und führte ihn bei Schiltau glücklich über die Donau. *) Im folgenden Jahre gieng er in seine Lande zurück, und trat die Regierung derselben

Johann III 1398 — 1420.

Seine Verdienste um das deutsche Reich, und den Kaiser Sigismund.

*) Falkenstein l. c. p. 179. seq. Pfeffinger Vitriarius illustratus T. I. L. I. Tit. V. p. 688.

an, welche sein Vater niedergelegt hatte. Im Jahr 1414. reiste er mit 120. Reutern darunter einige Grafen und viele Edelleute waren, auf das Concilium zu Costnitz, von dessen Verhandlungen unter seinem Bruder Friedrich VI. weitläuftiger geredet werden soll. Auf diesem Concilio wurde unter andern die Stadtkirche zu Culmbach vom Pabste Martin V. zu einer Cathedralkirche im Jahr 1417. erhoben, und mit einem Probst, Dechant, Scholaster, Küstern und Cantoren und 12 Canonicis versehen. *)

Vermehrung seiner Lande Dieser Burggraf vermehrte auch seine Lande durch Kauf, Erbschäften und Schenkungen um vieles. Schon im Jahr 1399. kaufte er und sein Bruder das feste Schloß Thierstein und die Marktflecken Thierstein, Thiersheim und Markleuten für 9000 fl. von den Markgrafen Heinrich, Wilhelm und Friedrich den jüngern von Meißen. **)

Im

*) Groß l. c. p. 171.
**) Groß l. c. p. 247.

Im folgenden Jahre erkauften beide Burggrafen die Stadt Crailsheim oder Creilsheim nebst Werdeck, Flügelau, Roßfeld, Plaufelden und Gerabronn, dem Burgstall zu Altenlohr, Roth am See, mit allen Zugehörungen, von dem Landgrafen Johann von Leuchtenberg für 36000. fl. rheinl. *) Um das Jahr 1400. schenkte der König Wenzeslaus von Böhmen dem Burggrafen Johann das Städtchen Pegnitz und das Schloß Böhmenstein. **) Eben derselbe schenkte ihm die Stadt Erlangen, einige sagen im Jahr 1400., andere 1412., und noch andere 1416. ***)

*) Creilsheim gehörte ehedessen den Grafen von Hohenlohe, bis Ulrich und Friedrich von Hohenlohe im Jahr 1388. es an den Landgrafen Johann von Leuchtenberg verkauften. Diese Stadt war sonst die Hälfte, und Flügelau ganz, Pfälzisch Lehen, bis sie Kaiser Rupprecht im J. 1405. davon frei machte. Zeiler im Anhang der topogr. Francon. p. 29.

**) Das Schloß Böhmenstein wurde von des Marggrafen Albrecht des Kriegers Feinden im Jahr 1552. zerstört. Man sieht noch davon die Rudera.

***) Die Entstehung dieser Stadt, und wie sie an Böhmen kam, ist unbekannt. Im Jahr 1363. wurde von den Stiftungen Ulrichs von

H

Zu eben der Zeit schenckte ihm Wenzel die Orte Franckenberg, Plech, Spies, und Lindenhard *); das Städtchen Prichsenstad überließ er aber beiden Burggrafen käuflich. Im Jahr 1400. kauften auch beide Burggrafen das Dorf Erlbach von den Herren von Seckendorff **) Im Jahr 1401. kauften sie das eine Schloß zu Weidenberg nebst einem Theil des Fleckens von den Herren von Weidenberg. ***) Im Jahr 1403. ertheilte

von Wolfsberg eine Kirche allda erbauet, die aber im Jahr 1632. von dem Kaiserlichen Commendanten zu Forchheim dem Obristen Schley nebst der ganzen Stadt in die Asche gelegt wurde. Von der Neustadt und den dasigen Französischen Flüchtlingen, von der Universität u. a. m. wird in der Folge mehr vorkommen.

*) Im Jahr 1684. brannte Lindenhard durch ein bei einem Schmidt ausgebrochenes Feuer fast ganz weg.

**) Pastorius l. c. p. 396.

***) Dieser Ort gehörte sonst ganz den Adelichen von Weidenberg. Im Jahr 1401. besaß Baireuth aber schon den größten Theil davon, wie er aber an dasselbe gekommen, ist unbekannt. Das andre Schloß daselbst besaßen die Herren von Künsberg. Da aber Hanns Ludwig von Künsberg im Jahr 1659. ohne männliche Er-

Kaiser Rupprecht dem Burggrafen Johann III. die Oberlehensherrschaft über den Flecken Selb, *) worauf die Besitzer desselben, Nicolaus, Wilhelm und Heinrich von Förster, 3. Brüder, denselben im Jahr 1412. für 2600. fl. rhnl. an ihn verkauften. Im Jahr 1407. erbten beide Burggrafen durch ein Vermächtniß ihrer Mutter Bruder, des Markgrafen Wilhelm von Meißen, die Orte Oelsnitz, Vogtsberg, Adorf, Wie-

ben mit Tod abgieng, so fiel es an Baireuth heim.

*) Dieser Flecken wurde, laut eines Diplomatis des Kaisers Friedrich II. de dato ad portam Naonis. 10ten Mai, 1232. nebst dem Städtchen Asch und allen Zugehörigen dem Reichsvoigt von Plauen, an Heinrich dem jüngern, der Kaiserlichen Armee, und des Königs Heinrich, Friedrich II. Sohn, Hauptmann, wegen seiner bei Regensburg bezeigten Tapferkeit, geschenkt. Von diesem kam Selb an die Förster von Plauen. Da sie aber daselbst einige Schlösser erbauten, und von denselben ihre Räubereien trieben, so erhielt Burggraf Johann III. zur Ausrottung derselben im Jahr 1403. die Oberlehensherrschaft über die Besitzungen derer von Förster. Da diese nun ihre Spitzbübereien nicht ließen, so zerstörte der von Eger eines ihrer Schlösser Neuhauß. Da sie nun ihr Handwerk nicht mehr fortzutreiben wagten, so verkauften sie Selb an den Burggrafen.

dersberg u. a. m. Die Markgrafen Friedrich und Wilhelm von Meißen setzten sich zwar dagegen, die Streitigkeiten wurden aber zum Vortheil der Burggrafen entschieden. *)

Stiftung der Klöster zu Langenzenn und Neustadt am Culm

Burggraf Johann III. begieng aber auf der andern Seite den Fehler, daß er auf geistliche Stiftungen und Geschenke an Klöster zu viel verwandte. Im Jahr 1409. legte er und sein Bruder Friedrich das Augustinerkloster zu Langenzenn an. *) Im Jahr 1413. ließ sich seine fromme Einfalt von einigen Carmelitermönchen, die eben von einer Reise von Palästina zurückgekommen waren, bewegen, zu Neustadt am Culm ein Carmeliterkloster zu stiften, und grosse Summen darauf zu verwenden. Diese stellten ihm nehmlich vor, daß kein

---

*) Die Urkunden hierüber siehe in Reinhards Beiträgen zur Historie Frankenlands. Th. I. S. 1. ꝛc.

**) Stiebers Histor. Topogr. Nachr. von Fürst. Anspach. p. 541.

Ei mit dem andern so viel Aehnlichkeit hätte, als der Berg Carmel und der rauhe Culm bei Neustadt. Mithin könnte er kein verdienstlicheres und Gott wohlgefälligeres Werk thun, als zu Neustadt ein Carmeliterkloster zu stiften. *)

Bald darauf verließ dieser, übrigens um seine Lande sehr verdiente, Burggraf im Jahr 1420. am 11ten Junius diese Welt. Er hatte mit seiner Gemahlin, Elisabeth, Kaiser Carls IV. Tochter, nur eine Prinzessin gezeugt, die auch Elisabeth hieß, und sich mit dem Grafen Eberhard IV. von Würtemberg vermählte. Seine Lande fielen daher an seinem Bruder Friedrich, der also beide Fürstenthümer wieder vereinigte.

Johann III. stirbt 1420.

*) siehe Oetters Samml. versch. Nachr. aus allen Theilen der histor. Wissenschaften, 1. Stck. N. 1. p. 5. Spieß Aufklär. in d. Gesch. ꝛc. p. 179. ꝛc.

Achter Abschnitt.

Regierung des Burggrafen Friedrich VI. bis zu seiner Erhebung zur Churwürde von Brandenburg. 1398. — 1415.

Friedrichs Verdienste um das deutsche Reich, unter dem Kaiser Rupprecht.

Friedrich VI. zweiter Sohn des Burggrafen Friedrich V., war gebohren am 21ten September 1372. Er war ein eben so großer Staatsmann als Kriegsheld, und ist unstreitig einer der größten Fürsten des Brandenburgischen Hauses. Gefürchtet von seinen Nachbarn im Kriege, geschätzt und geehrt vom ganzen Deutschen Reiche im Frieden, wegen seiner großen Kenntnisse und seines alles durchdringenden Verstandes, wurden ihm die wichtigsten Reichsangelegenheiten übertragen. Schon im Jahr 1398. wurde er zum Hauptmann gegen die Räubereien der Edelleute in Franken ernannt, und der Herzog von Baiern, die Biſchöffe von Bamberg und von Eichſtädt und der Landgraf von Leuchtenberg beordert, ihm darzu Beiſtand zu leiſten. Der Burggraf zerſtörte hierauf viele ſolche Raubneſter, konnte ſie aber doch noch nicht völlig ausrotten. *) Im Jahr 1400. verband er ſich zu Frankfurth am Main mit den Churfürſten und einigen Fürſten, den des Kaiſerthrones unwürdigen Wenzel ab, und einen andern würdigeren Fürſten dafür einzuſetzen, und denſelben aus allen Kräften zu unterſtützen. **) Dieſes erfolgte hierauf würklich, und es wurde der Churfürſt Ruppecht von der Pfalz zum Kaiſer erwählt, welchem Burggraf Friedrich mit beſtändiger Treue ergeben blieb. Er begleitete ihn auch im folgenden Jahre auf ſeinem Zug nach Italien mit einem ſtarken Corps eigener Truppen, gegen den Herzog Galeazius, Vicomte von Mailand, der ſich

---

*) Rentſch l. c. p. 351.

**) Jungs Fortſetzung der Genealogie der Burggrafen zu Nürnberg p. 62.

der Kaiserlichen Oberherrschaft entzogen hatte. Da aber die Italienischen Stände, die den Kaiser selbst zu sich gerufen hatten, ihn auf eine schlechte Art hintergiengen, so litt er bald an allen Mangel. Ueberdies verlohr er ein Treffen, und die in der Taktik besser geübten Italiener nöthigten ihn bald zum Rückzuge. Er kehrte daher nach Deutschland zurück, ohne etwas ausgerichtet zu haben. *)

Krieg mit der Stadt Rothenburg. Kaum war Burggraf Friedrich wieder in seine Lande zurückgekehrt, so sah er sich schon in einen neuen Krieg mit der Reichsstadt Rothenburg, verwickelt. Diese hatte nehmlich während seiner Abwesenheit die Frechheit begangen, die Orte Selteneck, Nortenberg, Entsen, Happoltsheim, Lichtenthal, Gammersfeld, Insingen, Nesselhausen und einen Theil von Gailnarm und Landsberg, auf welche sie unrechtmäßige Ansprüche machte, mit Gewalt wegzunehmen. Zur Sicherheit hatte sie nun um diese Orte eine Mauer

*) Pfeffinger l. c. T. I. p. 686. et s.

und Graben, oder eine sogenannte Landwehr, herumführen lassen. Der Burggraf beklagte sich daher bei dem Kaiserlichen Hofgerichte zu Heidelberg, und dann beim Kaiser selbst, welcher sie zur Verantwortung vor sich lud. Da sie nun nicht erschien, so brauchte der Burggraf Gewalt, und belagerte die Stadt sechs Wochen lang. Er hob jedoch auf Kaiserlichen Befehl die Belagerung wieder auf, weil man nochmals Güte versuchen wollte. Da aber alles vergeblich war, so erklärte sie der Kaiser in die Reichsacht, und trug die Vollstreckung derselben dem Burggrafen Friedrich und dem Bischoffe Johannes von Würzburg auf. Diese fielen daher ins Rothenburgische Gebieth ein, und verwüsteten alles dermassen, daß die Rothenburger sich genöthiget sahen, zum Kreuze zu kriechen, und die weggenommenen Orte wieder herauszugeben, die ihnen aber der Burggraf bald durch Kauf überließ.*)

*) Gundlings Leben und Thaten Churfürst Friedrich I. von Brand. p. 18. seq. Jungs Fort-

Friedrichs Verdienste um den Kaiser Sigismund, und Belehnungen derselben.

Im Jahr 1410. am 19ten Mai starb Kaiser Ruprecht zu Oppenheim. Die Haupt Competenten zur Kaiserkrone waren der König Sigmund von Ungarn und Böhmen und der Markgraf Jodocus oder Jobst von Mähren, und beide wurden erwählt. Zum Glück starb Jobst bald nach der Wahl. Man stellte daher eine zweite Wahl-Versammlung an, auf welcher, vorzüglich durch die kluge Einleitung des Burggrafen Friedrich, des Abgesandten des Königs Sigismund,**) alle Churfürsten einstimmig dem König von Ungarn und Böhmen am 20ten März 1411. zum Kaiser erwählten. Der Burggraf empfohl sich durch seine dabei bewiesene Klugheit ausserordentlich bei Sigismunden. Da ihm nun dieser 100,000. Dukaten schuldig war, so er-

setzung der Genealogie der Burggr. p. 62. seq. Groß Burg und Marg. Brand. Kriegshistorie Cap. VI. Falkenstein l. c. T. III. p. 180. 2c. Rentsch l. c. p. 352. et a.

**) Schmidts Gesch. der Deutschen VII. Buch, 12. Cap. p. 108. Rentsch l. c. p. 352. et a. Falkenstein l. c. p. 195. et a.

nannte er ihn im Jahr 1411. zum Statthalter der Mark Brandenburg und übergab ihm dieselbe mit allen Einkünften und Nutzungen so lange, bis er ihm die schuldige Summe würde bezahlt haben. Er behielt sich selbst nichts als die Chur-Würde und Stimme vor. *) Im folgenden Jahre begab sich daher der Burggraf in die Mark, um die Huldigung daselbst einzunehmen. Da sich ihm aber die Ritterschaft in Haveland wiedersetzte, so ließ er seine Truppen aus Franken in die Mark marschieren, und zog gegen den widerspenstigen Adel zu Felde. Am 26ten Octob. 1412. kam es bei dem Damme bei Cremmen zur Schlacht; die aber für den Burggrafen unglücklich ablief. Er erhohlte sich jedoch bald wieder und rückte aufs neue und mit glücklichern Erfolge zu Felde. In kurzer Zeit eroberte er fast alle adeliche Schlösser und andre feste Orte, die sie inne hatten, worauf sich denn einer nach dem andern unter-

*) Diplom. in Oelrichs Beiträgen zur Brand. Geschichte S. 94.

warf. Hierauf nahm der Burggraf die Huldigung ein, setzte den Ritter Hannß von Biberstein zum Vicestatthalter in die Mark, und kehrte nach Franken zurück. *)

Concilium und Reichstag zu Costnitz. Im Jahr 1415. begab er sich nach Costnitz, wo zu gleicher Zeit eine Kirchen-Versammlung und ein Reichstag gehalten wurde. Dieses berühmte Concilium wurde vorzüglich wegen der großen Kirchenspaltung angestellt, und war das glänzendste und zahlreichste, das je gehalten wurde. Man zählte zuweilen 30000. Pferde und über 100000. Fremde. Kaiser Sigismund hatte nur allein ein Gefolge von tausend Personen bei sich. Auf diesem Concilio wurden die drei Päbste Johannes XXIII. Benedict XIII. und Gregor XII. abgesetzt, und dagegen der Kardinal Oddo von Columna unter dem Namen Martin V. erwählt. Auf demselben wurde auch beschlossen,

*) Gundlings Leben Churf. Friedrichs I. von Brandenburg. p. 37. seq.

daß obgleich Christus das heilige Abendmahl unter zweierlei Gestalten eingesetzt hätte; diesem ohngeachtet (tamen non obstante) der Laie nur das gesegnete Brod erhalten sollte.

Ferner wurde auf diesem Concilio im Jahr 1415. Huß und im folgenden Jahre sein Freund und Anhänger Hieronymus verbrannt. Von den traurigen Folgen dieser Begebenheit, auch für unsre beiden Fürstenthümer, werden wir nachher bei dem Hußitenkriege mehreres hören. Auch wurde auf eben dieser Versammlung der Graf Adolph von Cleve und der Graf Amadeus von Savoyen in den Herzoglichen Stand erhoben. *)

Was uns aber hier am meisten angeht, ist die Erhebung unsers Burggrafen zum

<small>Friedrich VI. wird Churfürst von Brandenburg.</small>

*) Mehrere Nachricht von diesem so berühmten Concilio findet man in Lenfant histoire du Concile de Constance, in van der Hardt Actis Concilii Constantiensis, in Scheftrate de sensu et Auctoritate Decret. Conc. Const. und sonst in jeder guten Kirchengeschichte.

Churfürsten von Brandenburg. Er hatte nehmlich dem Kaiser von neuen 300000. Dukaten vorgeschossen.. Da nun dieser überhaupt mit dem Gelde sehr verschwenderisch umgieng, und diese Summe nicht wieder bezahlen zu können glaubte, so übergab er dem Burggrafen dafür im Jahr 1415. die Mark Brandenburg nebst der Churwürde zum völligen Eigenthume.

Neunter Abschnitt.

Regierung Friedrich VI. und nun‑
mehr I., von seiner Gelangung
zur Brandenburgischen Chur‑
würde bis zu seinem Tode
1415 — 1440.

Ehe die Mark Brandenburg auf das Burggräflich Nürnbergische oder Hohen‑zollerische Haus kam, wurde sie vorher von so vielen Herren nacheinander beses‑sen, daß man von ihr mit Recht sagen konnte: Mutavit dominos Marchia saepe suos. Die ältesten Bewohner derselben waren die Semnonen und die Longobar‑den. Diese verließen zur Zeit der gro‑ßen Völkerwanderung ihre alten Wohn‑plätze, und Wendische Völkerschaften, besonders die Wilzen, ließen sich darin‑nen nieder, und erbaueten die Stadt Brennabor, das nachmalige Branden‑burg. Heinrich der Finkler bekriegte sie

Kurze Ge‑schichte der Mark Branden‑burg bis auf unsern Burggra‑fen, Frie‑drich VI.

zu Anfang das 10ten Jahrhunderts, weil sie sich der Kaiserlichen Oberherrschaft, unter welche sie durch Carl den Großen waren gebracht worden, widersetzten. Er überwand die Heveller, die an der Havel wohnten, und eroberte im Jahr 928. ihre Hauptstadt Brennabor. Er bezwang hierauf die Retharier in der Uckermark, rottete ihren Götzendienst aus und zwang sie zur Annahme des Christenthums. Sein Sohn Otto der Große stiftete im Jahr 946. zu Havelberg und im Jahr 949. zu Brennabor ein Bißthum. Nach Ottos I. Tode empörten sie sich aber wieder, kehrten zum Heidenthume zurück, und verwüsteten, besonders unter ihrem Fürsten Mistewoy III. Sachsen von Brandenburg bis Havelberg.

Endlich wurde im Jahr 1135. Albrecht der Bär, Graf von Askanien und Stammvater des noch blühenden Hauses Anhalt, zum Markgrafen gegen die Wenden nach Brandenburg gesetzt, welcher endlich den Götzendienst völlig ausrottete, und die
Wenden

Wenden wieder unterjochte. Er erbauete Stendal und mehrere andere Städte, und starb nach vielen kriegerischen Thaten im Jahr 1170. Seine Nachfolger sind in den hinten angefügten Genealogischen Tabellen benahmt. Sie starben mit dem Markgrafen Heinrich im Jahr 1320. aus, und der Kaiser Ludwig der Baier belehnte seinen Sohn Ludwig den Römer mit der Mark. Ludwigs Bruder und Nachfolger Otto war aber ein weichlicher und wollüstiger Fürst, und es kostete daher Carln IV. wenig Mühe, ihn zu verjagen, und die Mark an sein Haus zu bringen. Er belehnte im Jahr 1378. seinen zweiten Sohn Sigismund damit, der sie aber wegen seiner vielen Schulden im Jahr 1388. an den Markgrafen Jobst von Mähren versetzte. Dieser verpfändete sie wieder im Jahr 1395. an dem Markgrafen von Meißen, Wilhelm dem Einäugigten, löste sie aber bald wieder ein. Nach des Markgrafen Jobsts Tode im Jahr 1410. fiel die Mark wieder an Sigismunden zurück, der sie im

J

Jahr 1411. den Burggrafen von Nürnberg Friedrich VI. verpfändete, und im Jahr 1415. völlig abtrat.

Churfürst Friedrich I. Gleich nach Empfang derselben klagte der neue Churfürst die beiden Herzoge von Pommern an, daß sie den Landfrieden gebrochen, und seine aufrührische Ritterschaft im Brandenburgischen begünstigt hätten. Man fand des Churfürsten Klagen gerecht, die beiden Herzoge wurden in die Acht erklärt, und von den benachbarten Fürsten gedemüthigt. Friedrich gieng hierauf nach Berlin, wo er die Huldigung einnahm. Er kehrte sodann wieder auf das Concilium nach Costnitz zurück. Daselbst wurde er am 18. Mai 1417. auf öffentlichem Markte in Beisein vieler geistlichen und weltlichen Fürsten mit der Churwürde belehnt. Zugleich wurde ausgemacht, daß wenn der Churfürst ohne männliche Erben sterben sollte, der Kaiser Sigismund oder seine Nachfolger berechtigt seyn sollten, die Mark nach Erlegung der 400000. Du-

katen wieder einzulösen. *) Bald nach
dieser feierlichen Belehnung gieng das
Concilium nach 39. gehaltenen Seßionen
auseinander.

Churfürst Friedrich ließ sich nun die **Verdienste**
Regierung seiner Lande sehr angelegen **um seine**
seyn, um die er sich, so wie um das gan- **um das**
ze deutsche Reich viele Verdienste er- **deutsche**
warb. Im Jahr 1417. kaufte er dem **Reich.**
Hause Anhalt seine Ansprüche auf die
Marck ab. Im folgenden Jahre ernannte ihn der Kaiser zum Statthalter
in Deutschland während seiner Abwesenheit in Ungarn. **) Im Jahr 1419.
brachte er die Uckermark wieder zu Brandenburg. Im Jahr 1422. starb das
Askanische Haus auf dem Churfürstlich
Sächsischen Throne aus. Da nun des
Churfürsten Friedrich ältester Sohn Jo-

*) Die hieher gehör. Urkunden siehe Jung l. c.
 Oelrich l. c. Rentsch p. 357. Pfeffinger l. c.
 tom l. L. I. p. 693. e. a.

**) D. bestät. Brief hierüber siehe in Oelrichs
 Beiträgen zur Brand. Hist. S. 107.

hannes eine Tochter des letzten Churfürsten von Sachsen Albrecht III. zur
Gemahlin hatte, so nahm Friedrich für
denselben Sachsen in Besitz. Da aber
der Kaiser diese Erbschaft dem Markgrafen Friedrich dem Streitbaren von
Meißen wegen der ihm ertheilten Anwartschaft zuerkannte; so ließ der schwa-
che Prinz Johannes diese reiche ihm
rechtmäßig zugehörige Erbschaft fah-
ren, und der Churfürst zog sich aus
Sachsen zurück. *) Im Jahr 1435.
auf dem Reichstage zu Frankfurth bemühte sich Friedrich, eine richtige Ein-
theilung des Deutschen Reiches in ge-
wisse Kreise zu bewirken, setzte aber seinen Entzweck nicht durch. Nach dem
Tode des Kaisers Sigismund hätte er
die Kaiserliche Würde erlangen können,
wandte sie aber dem vortreflichen Herzoge Albrecht II. von Oestreich, und nach
dessen, bald darauf im Jahr 1438. er-

*) Gundling l. c. p. 209. seq. Jung l. c. p.
148. seq. Rentsch l. c. p. 395. seq. e. a.

folgten Tode, dem Herzoge Friedrich von Oestreich zu. *)

Besonders aber glänzt unser Churfürst als Held in den Jahrbüchern der Geschichte, und sein thatenvolles Leben bezeichnet eine fast ununterbrochene Reihe blutiger, und von ihm rühmlichst geführter, Kriege. Im Jahr 1417. züchtigte er die unruhigen Herzoge von Mecklenburg. Im Jahr 1420. erstieg der Nürnbergische Amtmann Christoph Leininger, auf Anstiften des über des Churfürsten Glück neidischen Herzogs Ludwig des Bärtigen von Baiern Ingolstadt, und auf Befehl des Raths zu Nürnberg, die dasige Burg und brannte sie von Grund aus weg. Der Churfürst, der sich so eben in Böhmen befand, eilte sogleich zurück, verband sich mit dem Herzoge Heinrich von Baiern in Landshuth und mit dem Pfalzgrafen Johann, und

Kriegsthaten des Churfürsten Friedrich I.

―――――――
*) Gundling l. c. Reinhards Brand. Gesch. p. 55 u. 56.

fiel in des unruhigen Herzogs Gebiet ein, eroberte 36. Städte und Schlösser, und verheerte nach damaliger Kriegsmanier alles mit Feuer und Schwerdt. Da aber der Kaiser des Churfürsten Hülfe in Böhmen höchst nöthig brauchte, so vermittelte er einen Vergleich, zu dessen Aufrechthaltung des Herzogs Prinz, Heinrich der Höckerichte, sich mit des Churfürsten Tochter Margaretha vermählte. Der Herzog mußte aber dem Churfürsten für seine aufgewandten Kriegskosten die Orte Meckenhausen, Mersdorf, Graisbach und Vohmistraus abtreten. Der Herzog fieng zwar im folgenden Jahre die Feindseligkeiten aufs neue an, mußte aber auf Kaiserlichen Befehl den vorigen Vergleich wieder eingehen. Im Jahr 1423. fieng er wieder an, wurde aber zum Drittenmahl gedemüthiget. *)

*) Gundling l. c. p. 153. seq. Falkenstein l. c. p. 215. seq. Groß Brandenburg. Kriegsgeschichte. e. a.

Mit der Stadt Nürnberg kam es im Jahr 1427. zum Vergleich, in welchem der Churfürst seine Besitzungen in Nürnberg an diese Stadt verkaufte, um sich ferneren Verdrießlichkeiten zu entheben. Die Burg nebst allen dazu zugehörigen Gebäuden, die Vorstadt Wöhrd, den dürren Hof, Schniglingen, Puch, Schnepfenreuth, Höflins, und vier Mühlen, mit allen Nutzungen und Zugehörigen, überließ er ihnen für 180000. und die Wälder um die Stadt herum für 60000. Gulden. In dem Kaufbriefe *) steht aber ausdrücklich: Doch nehmen wir aus und behalten uns, unserer Herrschaft unsern Erben und Nachkommen des Burggrafthums zu Nürnberg, unsere Wildbahn, unser Geleite auswendig der Stadt Nürnberg und andern unsres Burggrafthums Herrlichkeiten, Rechte, Güter, Lehen und s. w. Aller dieser Rechte hat sich aber nachmals die Stadt Nürnberg

Verkauf der Burg zu Nürnberg

---

*) siehe Jungs Fortsetzung der Genealogie der Burggrafen von Nürnberg, p. 152. ic. Lünigs Reichsarchiv c. a.

bemächtigt, und behauptet, daß dieselben damals von ihnen mit seyen erkauft worden. Der Kaufbrief zeigt aber den Ungrund dieser Behauptung, und das Brandenburgische Haus könnte sich mit allem Rechte seiner alten Oberherrschaft in dem Nürnbergischen Gebiete wieder versichern.

Hußitenkrieg. Während diesem hatte auch Churfürst Friedrich mit den Hußiten in Böhmen zu thun. Diese, aufgebracht über Sigismunden, den sie für die einige Ursache des Todes ihrer beiden Lehrer, des Huß und Hieronymus, ansahen, weigerten sich, ihn nach Wenzels Tode im Jahr 1419. als ihren König zu erkennen. Der Churfürst Friedrich schickte den Herrn von Seckendorf als Gesandten zu ihnen, um sie zur Anerkennung des Kaisers zu vermögen, erhielt aber eine abschlägige Antwort. Der Kaiser zog daher gegen sie zu Felde, und der Churfürst Friedrich unterstützte ihn mit einem Corps, das er selbst anführte. Er wurde aber bald wegen der Unruhen des Herzogs von Baiern in seine Lande zurückgerufen. Nach Beilegung derselben gieng er wieder nach Böhmen, wurde aber von dem Hußitischen Feldherrn Ziska zweimal aus dem Lande hinausgeschlagen.

In dieser Noth schrieb der Kaiser aufs Jahr 1422. einen Reichstag nach Nürnberg aus, auf welchem ein allgemeiner Zug des Reichs gegen die Böhmen beschlossen wurde. Der Pabst ließ dem Kaiser durch den Kardinal Brando Placentino unter dem feierlichen Hochamte der Messe die geweihete Kreuzfahne gegen die Ketzer überreichen, welcher sie aber wiederum den Churfürsten von Brandenburg übergab, und ihn zum obersten Feldherrn der Reichsarmee gegen die Hussiten ernannte. Der Churfürst rückte daher mit einem großen Heere in Böhmen ein, aber die Furcht seiner Truppen vor den Feldobristen der Hußiten Ziska, *) den sie für einen großen Zauberer

---

*) Er hieß eigentlich Johannes von Trutnow, ward aber, weil er einäugigt war, Ziska bei

hielten, war so groß, daß sie schon auf
die Nachricht von seiner Annäherung davon liefen. Alle Bemühungen des Churfürsten, sie zum stehen zu bringen, waren vergeblich, und sie liefen so lange bis
sie die Gränzen von Böhmen im Rücken
hatten. Auf dieser Flucht wurden allein
von den Hussiten über 10000. Mann niedergemacht. Ziska starb zwar bald darauf, aber Procopius Raso, der neue
Hussitische Feldherr, setzte seine Siege
fort, und die mit Ziskas Haut bespann-
te Trommel jagte den Feinden Furcht und
Schrecken ein. Der Churfürst drang
zwar noch einigemal mit großen Heeren
in Böhmen ein, kaum aber näherten sich
die Hussiten, so liefen seine Leute davon.

Indessen drangen die ergrimmten Hussiten in die benachbarten Staaten ein, und
verwüsteten alles mit einer unmenschli-
schen Grausamkeit. Ganz Schlesien und
Mähren, Meißen, Sachsen, Thüringen

nannt. Er verlohr in diesem Kriege auch das
andere Auge, und starb bald darauf.

und Franken wurden mit unglaublicher Wuth von ihnen verheert, viele hundert Städte, Flecken, Schlösser und Dörfer weggebrannt, viele tausend unschuldige Einwohner grausam ermordet und die Geistlichen mit den abscheulichsten Martern hingerichtet. Auf der einen Seite durchzogen sie Deutschland bis an den Rhein, auf der andern drangen sie durch Schlesien und Pohlen bis an die Ostsee vor, und ließen überall die traurigsten Spuren ihrer Rache zurück.

Auch unsre Lande ließen sie ihre alles verheerende Wuth auf das Grausamste empfinden. Im Jahr 1428. fielen sie aus dem Voigtlande in daßelbe ein, und in einer Zeit von wenigen Tagen hatten sie Hof, Gattendorf, Weißdorf, Kotzau, Konradsreuth, Rehau, Pilgramsreuth, Quellenreuth, Leupoldsgrün, Schauenstein, Helmbrechts, Mönchberg, Ahornberg, Gefrees, Berneck, Goldkronach, Baireuth, Droßenfeld, Culmbach, Melkendorf, Wonsees, Caßendorf, Bußbach,

Truppach, Emtmannsberg, Creußen, Neustadt am rauhen Culm und alle umliegende kleinere Orte ausgeplündert, weggebrannt, und die Einwohner verjagt oder ermordet. Vor allen zeigten sie aber ihre Unmenschlichkeit an der Stadt Culmbach. Von den vielen daselbst befindlichen Pfaffen führten sie einige aufs Eis, gossen dann kaltes Wasser über dieselben, und ließen es über sie zu Eis frieren, daß sie so elendiglich erfrieren mußten. Andre warfen sie ins Feuer, oder ließen sie langsam an denselben braten. Die Menschheit schaudert vor ihren Grausamkeiten zurück. Wie konnten diese Barbaren eine Duldung ihrer Religion verlangen, da sie selbst so wenig gewohnt waren, dieselbe gegen ihre Katholischen Mitchristen auszuüben? Wie konnten sie sich einer reinern Lehre jenes großen Weisen von Nazareth rühmen, dessen ganze vortrefliche Moral sich auf die Liebe gegen den Nächsten gründet, und sollte dieser Nächster auch der Feind seyn? Wie konnten sie über die Verletzung ihter Rechte klagen, da sie alle Rechte der Menschheit mit Füßen traten?

Durch ihre Grausamkeit thaten sie sich aber selbst den größten Schaden, und schreckten den, in dessen Herzen ihre Meinungen schon Wurzel geschlagen hatten, von einer Religion zurück, deren Bekenner die Menschheit durch die entehrendsten Handlungen schändeten. Der unglückliche Bürger focht nun verzweiflungsvoll, um sein Leben zu erhalten, oder es wenigstens theuer genug zu verkaufen. Ein nachahmungswürdiges Beispiel gab hierinnen die Stadt Wonsiedel. Dreimal wurde sie von den Böhmen mit der größten Wuth gestürmt, aber dreimal schlugen die tapfern Bürger die Ungeheuer von ihren Mauern zurück, und mit Verlust von mehr als 6000 Mann zwangen sie dieselben, die Belagerung aufzuheben. Aber den umliegenden Orten ließen sie dafür ihre Rache auf eine desto grausamere Art empfinden, und nach der Verheerung der ganzen umliegenden Gegend zogen sie ins Unterland. Daselbst eroberten sie Neustadt an der Aisch, plünderten es aus und brannten es weg. Nach der gänzlichen Verheerung des Aischgrundes rückten sie ins Anspachische, eroberten Anspach, und ließen sich, zur Verschonung dieser Stadt vom Feuer, eine große Brandschatzung auszahlen. Sie rückten von da bis nach Salzburg, von wo aus sie wieder nach Böhmen zurückkehrten. Aber Bamberg, Würzburg, Eichstädt, Nürnberg, Baiern und Salzburg kauften die Verwüstung ihrer Lande durch große Geldsummen ab.

Im Jahr 1431. wurde auf dem Reichstage zu Nürnberg abermals ein Zug gegen die Böhmen beschlossen, und dem Churfürsten Friedrich das Obercommando über die Reichstruppen anvertraut. Dieser drang daher mit 130000. Mann in Böhmen ein, ward aber von Procopius Raso bei Tauß mit Verlust von 12000. Mann und 150. Kanonen geschlagen.

Endlich wurde zur Beilegung der Hussitischen Streitigkeiten im Jahr 1432. zu Basel ein Concilium angestellt, wohin auch die Hussiten ihre Abgesandten schickten. Daselbst kam nun der Friede zu Stande. Den Hussiten wurde freie Uebung ihrer Religion zugestanden und sie wurden vom Banne losgesprochen. Hingegen erkannten sie Sigismunden als ihren rechtmäßigen König. *)

Bald nach der Beendigung dieses erschrecklichen Krieges machte Churfürst Friedrich im Jahr 1437. sein Testament, darinn er alles genau bestimmte, wie es mit der Thronfolge in Zukunft gehalten werden sollte, welches auch noch jezt ein Grundgesez des Brandenburgischen Hauses ist. Der Innhalt desselben ist kürzlich folgender. (Oelrich l. c. S. 126. u. a.)

Testament des Churfürsten Friedrich I.

1) Sollte nach seinem Tode sein ältester Sohn Johannes das Fürstenthum

*) Theobalds Hussitenkrieg, Schmidts Geschichte der Deutschen. VII. Buch, 13. Cap. p. 179 — 220.

in Franken oberhalb Gebürgs, der zweite, Friedrich die Chur, der dritte, Albrecht das Fürstenthum im Franken unterhalb Gebürgs, und der vierte, Friedrich die alte Marck bekommen.

2) Wenn einer von den beiden Prinzen in der Marck ohne männliche Nachkommen sterben sollte, so sollte der andere, nicht aber die in Franken seine Lande erben. Sollten aber beide in der Marck aussterben, so sollte sie der älteste in Franken oder seine Nachkommen erben. Stürbe aber einer in Franken aus, so sollte sein Land der andre in Franken erben.

Cubrfürst Friedrich legt sich zur Ruhe und stirbt.

Im folgenden Jahre wollte ihm Kaiser Albrecht II. das Obercommando seines Herres gegen die Pohlen übertragen, welches er aber wegen seines hohen Alters ausschlug; und seinem Sohne Albrecht übergab. Im Jahr 1439. legte er die Regierung nieder und brachte seine wenigen Tage noch in Ruhe zu.

zu. Bald darauf entriß ihn der Tod dieser Welt am 21. September 1440. und er wurde zu Hailsbronn beigesetzt.

Mit seiner Gemahlin hatte er außer den oben angeführten Söhnen noch sechs Töchter gezeugt. Die älteste, Elisabeth, heurathete den Herzog Ludwig III. von Liegnitz, und nach dessen Tode im Jahr 1436. den Herzog Wenzeslaus von Teschen; die zweite, Cecilia, den Herzog Wilhelm den Streitbaren von Lüneburg; die dritte, Magdalena, den Herzog Friedrich den Frommen von Lüneburg; die vierte, Margaretha, den Herzog Albert V. von Mecklenburg, und nach dessen Tode den Herzog Ludwig den Höckerichten von Baiern Ingolstadt, und nach diesem den Ritter Martin von Waldenfels; die fünfte, Dorothea, den Herzog Heinrich den Fetten von Mecklenburg, und die sechste, Barbara, den Herzog Johannes von Oppeln.

K

Zehenter Abschnitt.

Regierung des Markgrafen Johannes *) mit dem Beinamen Alchymista 1440 — 1464.

Johannes Alchymista 1440 — 1464.

Der Markgraf Johannes war der älteste Sohn des Churfürsten Friedrich I. gebohren im Jahr 1401. Sein Vater setzte ihn noch bei seinen Lebzeiten als Statthalter in die Marck Brandenburg, wo er mit den Pommern und Mecklenburgern glückliche Kriege führte. Den Herzogen von Pommern nahm er die von ihnen usurpirte Stadt Prenzlau wieder weg, und die beiden Herzoge Christoph und Wilhelm von Mecklenburg schlug er bei Prißwald aufs Haupt, so daß Herzog Christoph mit seinen meisten Leuten auf

---

*) Nach Friedrichs I. Tode nannten sich alle Fürsten aus dem Brandenburgischen Hause Marckgrafen.

dem Platze blieb, Wilhelm aber sich kaum durch die Flucht retten konnte. *)

Dieses waren aber auch die einzigen Proben seiner Tapferkeit. Er war übrigens mehr zur Ruhe als zu Staats oder Kriegsgeschäften geneigt. Erwachte auch zuweilen sein schläfriger Geist auf einige Zeit, so sank er doch sogleich in seine vorige Unthätigkeit wieder zurück. Seine frühe Heurath mit des Churfürsten von Sachsen Rudolphs III. Tochter, Barbara, im Jahr 1412. und also im 11ten Jahre seines Alters mag nicht wenig zu seiner nachmaligen Geistes Schwäche beigetragen haben. Ein solcher Fürst taugte aber nicht für die Brandenburgischen Churlande, die von ihren mächtigen Nachbarn unaufhörlich beunruhigt wurden. Sein Vater that ihm daher den Vorschlag, die Chur seinem Bruder Friedrich, der sich nachmals durch seine Tapferkeit den Beinamen cum ferreis dentibus er-

Sein Charakter,

) Groß Brand. Regentenhistorie p. 283.

warb, zu überlassen, und dafür das Fürstenthum in Franken oberhalb Geburgs anzunehmen. Gerne willigte der schläfrige Prinz in diesen Vorschlag und trat nach dem Tode seines Vaters im Jahr 1440. die Regierung dieses Fürstenthums an.

seine ruhige Regierung

Er regierte seine Lande in Ruhe und Frieden, und nur einmal trat er mit seinem Bruder Albrecht in Bündniß gegen seine Feinde. Damit er aber auch etwas zu thun haben möchte, um sich die quälende Langeweile zu vertreiben, so legte er sich mit besonderen Fleiße auf die Goldmacherei, welcher er den rühmlichen Beinamen Alchimista, auf Deutsch Goldmacher, zu danken hat. Zu Baiersdorf ließ er sich ein Schloß erbauen, wo er, so wie zu Naila seine Kunst mit vielem Eifer betrieb, und große Summen auf dieselbe verschwendete.

Im Jahr 1444. erhielt er und sein Bruder Albrecht vom Kaiser Friedrich III.

den Schutz über die Zunft der Keßler in ihren und einigen angränzenden Landen.*) Nach demselben sollten sie diese Zunft bei ihren Rechten und Freiheiten gegen alle Eingriffe schützen, andre, die nicht zu dieser Zunft gehören, dieses Handwerk nicht treiben lassen und die Delinquenten unter demselben bestrafen.

Im Jahr 1446. trugen Hannß und Friedrich von Wallenfels dem Markgrafen Johannes das Lehen über das Städtchen und Amt Lichtenberg auf. **)

---

*) Das Diploma siehe in Lünigs Reichsarchiv part spec. Cont. II. Fortsetz. p. 245.

**) Die Familie von Wallenfels hatte ehedessen große Besitzungen im Fürstenthume Baireuth. Auch Naila gehörte ihnen, welches sie aber schon vorher an die Burggrafen verkauften, davon aber das Jahr so wie der Kaufschilling unbekannt sind. Da sie nun mit den Rotenburger, Windsheimer und Nürnberger Pfaffensäcken in eine Fehde verwickelt wurden, so fielen diese in ihr Gebiet mit 7000. Mann ein, eroberten Wallenfels und brannten es nebst Geroldsgrün, Thierbach, Karlsgrün, Langenbach, Steben, Gerlas, Christusgrün, Stein ach, Pobengrün und noch 9. andern Dörfern, die alle ihnen gehörten weg. Darauf belagerten sie auch das feste Städtchen Lichtenberg, davon ein alter

Markgraf Johannes zeugte mit seiner
Gemahlin zwar einen Sohn, der aber

Nürnbergischer Dichter, besage eines alten
Manuscriptes, folgende artige Verse gemacht
hat.

1.

Tausendt vierhundert vierzig und vier jar,
nach Christus Geburt man schreibendt war,
da schloßn meine Herren von Nürnberg rund,
mitt etlichem Stättenn zu machen einen Bund.
zu machen einen Bund.

2.

Sie nahmen auf siebenn tausend Mann
vnnd thäten die Sach bald greiffen an,
sie schlugen viel der schönen Gezelt,
von Lichtenberg ins weite Feld :,:

3.

Auch schossenn sie hefftig ins werthe Schloß
bey funfzig hundert der Kugeln groß,
doch kunnten sie erschröckenn so baldt,
keinen Menschen mit ihres Geschützes Gewalt :,:

4.

Der grosse runde Thurm stundt ihnen im Licht,
ließ ihres Geschützes bewegenn sich nicht,
schickt ihnen viel Kugeln wieder zum Lohn,
daß gelleten manchen die Ohren davon :,:

5.

Herr Hanß von Waldenfels der Ritter so vest,
tröstet in dem Schloß seine werthe Gäst,
von Adell ein vnd zwanzig mann
und sonst noch hundert vnd funfzig Personn :,:

6.

Zu sein Bruder Fritz er eilend er sand,
soll ziehen wol in das Böheymer Land

sein Leben nur auf 9. Monate brachte. Von seinen drei Töchtern vermählte sich die älteste, Dorothea, mit dem König

der eilet manch redliches Kriegesvolck an,
zu Roß und Fues manchen kühnen Mann :,:

6.

7.
Indessen fielen etlichemal tapfer von Hauß,
die Lichtenberger in die Schantz hinaus,
sie grüßtenn manchen Nürnberger Knaben,
er mögte ihnen übel gedancket haben :,:

8.
Bald stund sich dar ein kühner Held
als die Nürnberger nun hatten gestellt,
ihr grobes Geschütz auf einem Kirchthurm,
daß mitt schüfen ihr Glück erfuhren :,:

9.
Der nagellt ihnen das grose Stuck zu,
so schlug auch ab das Haupt hart zu,
den Büchsen Meister hart und geschwindt,
das war ein unverzagtes Kind. :,:

10.
Bald sah man auf dem Kirch Thurm stahun
der Waldenfelser behende Fahn,
der halbe Adler muß weichen zurück,
das Einhorn erhielt den Sieg und das Glück. :/:

11.
Der Fritz der Waldenfels der Herr,
bracht aus Böhmen ein groses Heer,
unnd lagerte sich vor Eger die Statt,
welches er Bruder Hannß zu wissen that. :,:

Die letzten Worte dieses Lieds hat das Alter verwischt. So viel weiß man aus der Ge-

Chriſtoph III. von Dännemark, und nach
deſſen Tode mit ſeinen Vettern und Nachfolger Chriſtian I. Die zweite, Barbara,
vermählte ſich mit dem Markgrafen Ludwig von Mantua, und die dritte, Eliſa-
beth, mit dem Herzoge Joachim von
Pommern, und nach deſſen Tode mit dem
Herzoge Wratislaus von Pommern. Unſer Goldmacher ſtarb am 16ten November 1464. durch ſeinem Tod fiel das Für-
ſtenthum oberhalb Gebürgs an ſeinen
Bruder Albrecht.

ſchichte, daß die Nürnberger ſo viele Schläge
bekommen, daß man ihnen zum Spott nach-
ſagte: ſie hätten ihren halben Adler vor Lichtenberg verlohren, denn dieſes Städtchen führt
auch einen halben Adler im Wappen. Die
Herren von Waldenfels führten ſonſt ein Einhorn im Wappen. Bald darauf trugen die
Herren von Waldenfels dem Markgrafen Johannes die Oberlehensherrſchaft über ihre Lande auf, um von ihm gegen ihre Feinde bei einem abermaligen Angriffe Beiſtand zu erlangen.
Nachher verkauften ſie Lichtenberg an Herzog
Bogislaus von Radziwill, und dieſe für 80000
Fl. im Jahr 1628. an Markgrafen Chriſtian.
Lichtenberg brannte im Jahr 1737. ganz weg.

———

Eilfter Abschnitt.

Regierung des Markgrafen Albrecht mit dem Beinamen Achilles 1440. — 1486.

Markgraf Albrecht war gebohren am 24ten November 1414. In seiner Jugend hielt er sich an dem Hofe seines Grosvaters des Herzogs Friedrich von Baiern in Landshut auf. Schon im Jahr 1438. zeigte er als Feldherr des Kaisers Albrecht II. seine Kriegstalente gegen den König Wradislaus von Pohlen, dessen Bruder Casimir von einigen Böhmischen Ständen zum Gegenkönig Albrechts war gewählt worden. *)

Albrecht Achilles 1440 — 1486.

Nach dem Tode seines Vaters trat er die Regierung des Fürstenthums unterhalb Gebirgs an. Er wurde gleich nach

Krieg mit Sachsen und Hessen

*) Theobalds Hußitenkrieg. Th. II. p. 18. sq.

seinem Regierungs-Antritte in einem weit aussehenden Krieg verwickelt. Sigismund, Churfürst Friedrich des Kriegers von Sachsen Prinz, bisheriger Administrator des Bisthums Würzburg, machte nehmlich nach des Bischofs Johannes Tod Ansprüche auf das Bisthum, welchen sich aber das Domkapitul mit Gewalt entgegen setzte. Er suchte daher bei dem Markgrafen Albrecht Hülfe, der ihn auch mit den Waffen in der Hand ins Bisthum einsetzte. Nun erklärte sich aber der Landgraf Ludwig von Hessen und selbst die Länder des Bischoffs, der Churfürst Friedrich und der Herzog Wilhelm von Sachsen, gegen denselben. Ein blutiger Krieg sollte sich nun zwischen den Brüdern entzünden, ehe aber derselbe zum völligen Ausbruche kam, stiftete der Kaiser Friedrich III. durch einen Kaiserlichen Befehl im Jahr 1442. Friede. *)

Krieg mit Baiern. Kaum war die Kriegsflamme auf einer

*) Falkenstein l. c. P. III. p. 256. Gundlings Leben Churfürst Friedrich II. p. 27. u. 61. sq.

Seite glücklich gelöscht, so brach sie auf der andern mit erneuerter Wuth wieder aus. Der unruhige Herzog Ludwig der Bärtige von Baiern Ingolstadt, hatte seinen Sohn Ludwig dem Höckerichten, zum Vortheil seiner Hurenkinder, enterbt. Da dieser nun des Markgrafen Albrechts Schwester zur Gemahlin hatte, so suchte er bei diesem Hülfe. Albrecht drang daher mit einem Heere in Baiern ein, eroberte Ingolstadt und Neuburg, in welcher letzten Stadt er den unruhigen Herzog gefangen nahm und ihn nach Anspach führte. Seinen Schwager setzte er nun auf den Thron, und den gefangenen Herzog übergab er dem Herzoge Heinrich von Baiern Landshuth, der ihn in der Haft behielt, bis an seinem bald darauf erfolgten Tod. *)

Während der Zeit der Ruhe kaufte der Markgraf im Jahr 1448. die Stadt Creglingen nebst den Maindörfern Obern-

Albrecht kauft die Stadt Creglingen

*) Falkenstein l. c. T. III. p. 261. Groß Brandenb. Kriegsgesch. Cap. VII.

brait, Markt Stefft, Gnottstett, Sikkershausen, Kalten-Sontheim, Martinsheim, Ober-Ickelsheim und Ehenheim von dem Grafen Michael von Maulburg, für 24000 fl. *)

Krieg zwischen den Fürsten und Städter. Im Jahr 1449. brach ein blutiger und von Verwüstung begleiteter Krieg zwischen den Fürsten und Städten aus. Die Fürsten verlangten, daß ihnen die Städte, wie billig, einen Theil der Kriegskosten, die sie gegen die Hußiten aufgewendet hatten, bezahlen sollten, weil sie damals gar nichts dazu beigetragen, auch von den Hußiten wenig Schaden erlitten hatten. Markgraf Albrecht forderte unter andern 120000. fl. von der Stadt Nürnberg, die es aber kühn abschlug. Es

---

*) Der Kaufbrief davon steht in extenso in den auserlesenen Proben des deutschen Lehenrechts von Koppen Cap. 1. p. 24. seq. Creglingen gehörte sonst den Grafen von Hohenlohe, von denen es an die Grafen von Maulberg kam, doch ist unbekannt, wie. Die Meindörfer gehörten ehedessen zu der großen Herrschaft Brauneck. Nach Aussterben dieser Familie kamen sie an die Grafen von Maulberg, als nächste Anverwandten.

verbanden sich daher 17. Fürsten, 15. Bischöffe, 13. Grafen und eine unzählige Menge Edelleute mit einander zu Donauwerth gegen die Städte. Diese verbanden sich wieder gegen die Fürsten, und machten unter einander aus, daß von den fünf Städten, Nürnberg, Augsburg, Ulm, Nördlingen und Memmingen, jede zu Ulm einen Gesandten halten sollte, und was diese beschliessen würden, sollte von allen angenommen werden.

Die Augsburger, Ulmer und Schwäbisch Gemünder fielen nun ins Würtenbergische ein, und zerstörten viele Adeliche Schlösser. Graf Ulrich von Würtenberg griff sie aber an, schlug sie aufs Haupt und nahm ihnen ihre gemachte Beute größtentheils wieder ab. Dies war die Losung zum allgemeinen Ausbruch des Kriegs. Markgraf Albrecht schickte sogleich der Stadt Nürnberg einen Absagebrief, und erhielt von seinem Bruder Johannes dem Goldmacher, von dem Herzoge von Sachsen, dem Landgrafen von Hessen und dem Bischoffe von Bamberg 6000. Mann zu Fuß u. 2000. zu Pferd zu Hülfe. Mit diesen fiel er ins Nürnbergische Gebiet ein, und in Zeit von zween Tagen eroberte er Eltersdorf, Kraftshof, Neuhof, Bruck, Eschenau, Kalkreuth und Gräfenberg. Bei diesen letzten Städtchen fand er besonders Gelegenheit, seine persöhnliche Tapferkeit zu zeigen. Als der erste erstieg er die feindliche Mauer, und sprang mitten unter einige hundert Feinde, gegen die er sich eine halbe Viertel Stunde wie ein Löwe vertheidigte, bis indessen seine Leute die Mauern erstiegen, und das Städtchen eroberten. Er hörte daselbst, daß die Nürnberger mit 6000. Mann Fußvolk und 800. Reutern in sein Land eingefallen wären. Sogleich eilte er ihnen mit 800. Reutern nach. Er traf sie, eben in Begriff über einen Fluß zu setzen. Er befahl daher, daß seine Leute die Reuterei ruhig über den Fluß sollten setzen lassen; wenn aber diese herüber wären, sollten sie dem Fußvolke den Paß verlegen.

Er selbst legte sich mit 200. Reutern hinter ein Gehölze. Kaum waren die Nürnbergischen Reuter herüber, so stürzte er sich, nur von zwei Rittern begleitet, mitten unter dieselben. Seine beiden Begleiter wurden sogleich niedergemacht, und alles hieb und stach nun auf ihn los. Er durchbrach aber mit Riesen-Stärke die Reihen der Feinde, und hieb so lange um sich herum, bis er die Haupt-Standarte erreichte. Diese umfaßte er mit beiden Händen, und rief: In der Welt ist kein Ort, wo ich ehrlicher sterben kann, als hier. Indessen kamen ihm seine Leute zu Hülfe, schlugen die Nürnberger nach einem kurzen Gefechte in die Flucht, und was dem Schwerdte entkam, wurde gefangen. Den Markgrafen fanden sie zerstoßen, zerquetscht und halb entseelt unter der Standarte liegen, die er noch mit beiden Armen fest umklammert hielt. Er wurde jedoch bald wieder hergestellt, fiel aufs neue ins Nürnbergische ein, und brannte die Orte Groß- und Kleinreuth, Brunn, Wetzendorf, Schniedling, Gebersdorf, Sundersbühl, Schweinau, Wendelstein, Röthenbach, Feucht und andere mehr, weg, so daß von Feuchtwang bis Nürnberg kein Ort anzutreffen war, der nicht in die Asche gelegt wurde. Er eroberte hierauf Heideck, Lichtenau und andre Orte. Er lieferte den Nürnbergern neue Feldschlachten, und in achten gieng er als Sieger davon. Nur einmal wurde er, im Begriff die Nürnbergischen Klosterweiher bei Pilbenreuth auszufischen, von einer überlegenen Macht, unter Anführung Kunzens von Kauffungen, *) unversehends überfallen, geschlagen und bis an die Thore von Schwabach verfolgt. Er erhohlte sich aber bald wieder, fiel wieder ins Nürnbergische ein, und brennte ausser der Stadt alles weg. Nun zog er auch gegen die übrigen verbündeten Reichsstädte, und eroberte und brannte von Rotenburg bis Schwäbischhall alles weg, was Reichsstädtisch war.

Indessen

*) Ebenderselbe, der nachher wegen des Sächsischen Prinzenraubs zu Freiberg enthauptet wurde.

Indeſſen er aber auſſer ſeinen Landen ſiegte, fielen die Nürnberger wieder in dieſelben ein. Ihre beiden Hauptleute, Kunz von Kauffungen und Heinrich Reuß von Plauen, plünderten faſt alle Orte im Anſpachiſchen und dem Baireuther Unterlande, und brannten eine Menge Städte, Flecken, Schlöſſer und Dörfer weg. Ein Trupp fiel auch ins Baireuther Oberland und plünderte es rein aus. Sie führten nur allein 10000. Stück meiſt großes Vieh nach Nürnberg, ohne das Geld, und andre Mobilien und Pretioſen.

Bei den übrigen Fürſten und Städten gieng es eben ſo. Die Städte hauſten zwar entſetzlich in den Landen der Fürſten, wurden aber in allen Schlachten geſchlagen und ſehr in die Enge getrieben und mußten endlich doch den Fürſten ihre Geld-Forderungen zugeſtehen. Zu Wien, wohin beide Theile ihre Abgeſandten ſchickten, kam endlich im Jahr 1450. durch des Kaiſers Friedrich III.

Friede zu Wien

Vermittlung ein Vergleich zu Stande, nach welchem die Städte den Fürsten große Entschädigungs-Summen auszahlen mußten. Der Markgraf Albrecht erhielt von der Stadt Nürnberg 80000. Gulden. *)

Gunstbezeigungen des Kaisers Friedrich III. gegen Albrechten

Im Jahr 1450. erhielt der Markgraf vom Kaiser den Schutz über das Benedictiner-Kloster Auhaußen. **) Im Jahr 1456. erhielt er und seine Nachfolger alle Freiheiten und Rechte, die die Churfürsten mit Abfordern ihrer Leute, Räthe, Diener und Hintersaßen hatten. ***) In eben diesem Jahre erlangte er die Freiheit, seine alten Zölle nach Belieben zu erhöhen, und neue ungehindert aufzurichten.

Im Jahr 1457. schloß er nebst seinen Brüdern mit Sachsen und Hes-

*) Groß l. c. et a.

**) Groß Brand. Regentenhistorie p. 296.

***) Dipl. Lünigs Reichsarchiv part. spec, S, IV. von Brandenburg p. 18.

fen eine Erbvereinigung, die im Jahr 1555. zu der bekannten Erbverbrüderung erneuert und im Jahr 1614. bestätigt wurde. ****)

Erbverbrüderung mit Sachsen u. Hessen.

Im Jahr 1459. stifteten Albrecht und sein Bruder Johannes der Goldmacher das Kloster zu Rietfeld bei Neustadt an der Aisch. *)

Stiftung des Klosters Rietfeld.

*) Dipl. Lünigs Reichs-Archiv part. spec. Cont. II. p. 763.

**) Die Stiftung dieses Klosters wird von den meisten Geschichtschreibern in das Jahr 1205. gesetzt. Herr Reaier. Rath Spies beweißt aber in seinen Aufklärungen in der Geschichte und Diplomatik p. 205. sq. aus Urkunden des Plassenburger Archives, daß dies erst im Jahr 1459. durch den Markgrafen Johann und Albrecht geschehen sey.

Rietfeld selbst ist ein uralter Ort, der schon in einer Urkunde des Königs Arnulph vom Jahr 889. als ein in Rangau gelegener Ort vorkommt, Eckart Comment. de rebus Franciae orient. p. 895. und Schannat Corpus trad. Fuldens. p. 288.) Dieses Rietfeld hatten die Burggrafen von Nürnberg im 13ten Jahrhunderte vom Bißthume Regensburg zu Lehen, wie die im Plassenburger Archiv vorhandenen Lehenbriefe vom J. 1272., 1274. u. 1278. bezeugen. Im Jahr 1274. ertheilte Pa st Gregor X. der neuerbauten Pfarrkirche daselbst einen Ablaßbrief. Es ist wahrscheinlich, daß

Krieg mit Baiern, Pfalz, Böhmen, Würzburg und Bamberg. Im Jahr 1460. wurde dem Markgrafen Albrecht vom Kaiser Friedrich III. die Vollstreckung der über den Herzog

bei der Erbauung dieser neuen Kirche, der Ort selbst einen ansehnlichen Zuwachs an Gebäuden erhalten hat, welcher neuerbaute Theil dann Neustadt benannt wurde. Dieser Name wurde denn in der Folge so gebräuchlich, daß der Name Rietfeld fast ganz darüber in Vergessenheit kam, so, daß man gegenwärtig nur noch einen kleinen, 18. Häuser in sich begreifenden, Theil von Neustadt, Rietfeld nennt. In Oetters Versuch einer Geschichte der Burgarafen zu Nürnberg, ist sogar eine Urkunde vom Burggrafen Friedrich III., der im Jahr 1297. starb, angeführt, darinn die Worte enthalten: Rietveld nunc Newenstat dictum.

Es ist also unstreitig, daß Neustadt in den ältesten Zeiten unter dem Namen Rietfeld bekannt war. Die Nachricht, daß Friedrich III. Neustadt im Jahr 1285. von den Weldbothen erkauft hatte, ist falsch; indem es, nach einer Urkunde des Plassenburger Archives, nur einige theils Lehen, theils eigene Güter bei Neustadt gewesen, die der Burggraf damals von den Weldbothen erkaufte, und welche noch darzu strittig waren. Uebrigens versichern die vaterländischen Geschichtschreiber selbst, daß sie von der ältern Geschichte der Stadt Neustadt nichts zuverläßiges wissen.

Von den Klostergebäuden ist nun nichts mehr übrig. Schon im Jahr 1584. ließ Georg Friedrich die ruinirte Klosterkirche zu einer Gottesackerkirche einrichten. Das Kloster selbst wurde im Jahr 1525. im Bauernkriege ruinirt. Das Fürstliche Schloß daselbst wurde im Hus=

Ludwig den Reichen von Baiern Landshuth und den Churfürsten Friedrich von der Pfalz verhängten Acht aufgetragen; welche beide die Stadt Donauwerth mit Gewalt weggenommen hatten, und für sich behalten wollten. Markgraf Albrecht fiel daher in die Pfalz ein, und eroberte Mannheim, Griesbach und andere Orte. Er wurde aber durch einen Einfall des Herzogs Ludwig in seine Lande zurückgeruffen, der indessen Roth, Landeck, Stauff, Schönberg, Neustadt an der Aisch und noch 24. andere Städte,

stenkriege ruinirt, daher Markgraf Albrecht Achilles im Jahr 1548. ein ansehnlich neues Schloß bei dem Dispecker Thore erbauen ließ. Im Jahr 1710. ließ der damalige Superintendent M. W. Ch. Räthel, mit Fürstlicher Erlaubniß, ein Waißenhauß auf dem Platze erbauen, wo sonst das, bei der großen Verheerung der Stadt im Marggräflichen Albertinischen Kriege im Jahr 1553. mit ruinirte Seckendorfische Schloß, stand. Da aber wenig Stiftungen dazu geschahen, so bestimmte es Marggraf Georg Friedrich Carl zu einem neuen Schulgebäude, worinn denn im Jahr 1732. das Neustädter Licäum introducirt wurde. Von den übrigen merkwürdigen Begebenheiten dieser Stadt, besonders zu Kriegszeiten, wird in der Folge noch mehr vorkommen.

Schlösser und Flecken eingenommen hatte. Albrecht erhielt zwar von seinem Bruder, dem Churfürsten Friedrich, Hülfstruppen; der Herzog aber verstärkte sich durch ein mächtiges Bündniß mit dem Könige Podiebrad von Böhmen. Zu gleicher Zeit wurde der Markgraf mit den Bischöffen von Bamberg und Würzburg in Krieg verwickelt, der zwar noch in diesem Jahre durch einen Vergleich geendiget wurde, aber im folgenden mit erneuerter Wuth ausbrach.

Der Markgraf gieng nun zuerst den Baiern auf den Hals, eroberte am 25. November Neustadt an der Aisch wieder, worinnen er 300. Bairische Edelleute gefangen nahm, und trieb in kurzer Zeit die Baiern völlig aus dem Lande. Die Würzburger liefen auf seine Annäherung sogleich davon. Hierauf schickten die Böhmen dem Herzoge von Baiern 7000. Mann zu Hülfe, und auf der andern Seiten fielen sie mit 18000. Mann ins Baireuthische ein, und belagerten Wonsiedel. Aber die tapfern Bürger dieser Stadt von ihren braven Commendanten Jobst von Schirnding aufgemuntert, schlugen die Böhmen, ohngeachtet öfters wiederhohlter Stürme, von ihren Mauren zurück, und zwangen sie, die Belagerung, mit Verlust einiger 1000. Mann, wieder aufzuheben. Aus Rache ruinirten sie daher alle kleinere Orte, die sie erobern konnten, als Weisenstadt, Rösla, Markleuthen, Bernstein, Arzberg, Thiersheim und die umliegende Gegend. Von da zogen sie weiter, eroberten Berneck, Baireuth, und Neustadt an Culm und richteten überall große Verwüstungen an. Sie thaten auch einen Einfall ins Voigtland, eroberten Hof und ruinirten die ganze umliegende Gegend.

Der Markgraf schlug indessen die Bischöffe, die Kleinlankheim, Wiesenbrunn, Stefft und Sickershausen erobert hatten, zurück, fiel in ihr Land ein und richtete großen Schaden an. Hierauf gieng er auch den Baiern und Böhmen auf den Leib, die er in wiederhohlten glücklichen

Treffen aus seinen und seines Bruders Landen wieder hinaus schlug.

Indessen waren die Bischöffe wieder in seine Lande eingefallen, und hatten Markbreit, Scheinfeld und Geisel wieder erobert. Sie belagerten hierauf Prichsenstadt, wurden aber zweimal mit grossen Verlust zurückgeschlagen. Bei dem dritten Angriffe wurde aber dieses Städtchen mit Sturm erobert, viele Einwohner niedergemacht, 330. Mannspersonen gefangen mit fortgeführet, die Kinder und Weiber aus dem Städtchen heraus gejagt, und dann dasselbe von Grund aus weggebrant. Da nun dadurch die Erbitterung immer größer wurde, so befahl der Kaiser beiden Partheien, die Waffen niederzulegen, worauf denn am 25. August 1462. der Friede zu Stande kam. Der Herzog Ludwig aber, der sich auf die Hülfe der Böhmen allzusehr verließ, schlug alle Friedensunterhandlungen aus. Der Markgraf fiel daher aufs neue in seine Lande ein, eroberte sie fast ganz, und zwang den Herzog mit den Waffen in der Hand, einen sehr nachtheiligen Frieden einzugehen, welchen er in der Güte nicht hatte annehmen wollen (*)

Im Jahr 1464. erbte Markgraf Albrecht, nach dem Tode seines Bruders, Johannes des Goldmachers, auch das Fürstenthum oberhalb Gebürgs. Im Jahr 1469. übergab ihm auch sein Bruder, der Churfürst Friedrich, seine Churlande, und setzte sich nach Plassenburg zur Ruhe, wo er am 11. Februar 1471. starb und zu Hailsbron beigesetzt wurde. Der jüngste Sohn des Churfürsten Friedrich I. Friedrich der Fette, war schon im Jahr 1463. gestorben und hatte keine männliche Nachkommen hinterlassen, daher sein Land an seinen Bruder den Churfürsten gefallen war. Albrecht vereinigte

Albrecht vereinigt wieder alle Brandenburgische Lande

---

*) Ueber diesen Krieg siehe Groß Brand. Kriegsgeschichte, Schmidt l. c. 7. Buch, 22. Cap. p. 386. seq. Falkenstein l. c. p. 272. ꝛc. Gundling Leben Churf. Friedrichs II. p. 531. ꝛc. et al.

daher jetzt alle Lande wieder, die sein Vater besessen hatte.

Churfürst Albrechts Testament

Im Jahr 1471. machte der Churfürst Albrecht zu Cölln an der Spree sein Testament, das noch bei der Erbfolge in Brandenburgischen ein Grundgesetz ist. Der Haupt-Innhalt desselben war, daß die Fränkischen Lande nie von mehr als zwei, und die Churlande nie von mehr als einem Regenten beherscht werden sollten. Seinem ältesten Sohne Johannes, der sich durch seine Beredsamkeit dem Beinamen des deutschen Cicero erwarb, bestimmte er die Churwürde. Die beiden folgenden Friedrich und Sigismund sollten um die beiden Fränkischen Fürstenthümer loosen; das Kaiserliche Landgericht aber und die Bergwerke sollten unter beiden gemeinschaftlich seyn. In der Erbfolge ist eben das bestimmt, wie in des Churfürsten Friedrich I. Testament. *)

*) Friedrichs I. Testament findet man in extenso in Johann Paul Gundlings Leben und Thaten Churfürst Friedrichs I. von Brandenburg. Halle

Im Jahr 1474. wurde der Churfürst in einen neuen Krieg mit dem Herzog Bogislaus X. von Pommern verwickelt, der sich aber bald durch Vermittlung der Herzoge Magnus und Balthasar von Mecklenburg durch einen Vergleich endigte, zu dessen Bekräftigung der Herzog Bogislaus sich mit des Churfürsten Albrechts Schwester Margaretha vermählte, und denselben die Anwartschaft auf Pommern zugestand. Im Jahr 1475. übernahm er das Obercommando des Kaiserlichen Heers gegen den Herzog Carl den Kühnen von Burgund, mit welchem er zwei blutige Treffen lieferte. Im Jahr 1476. führte er mit dem Herzoge Wratislaus von Pommern, mit dem Herzoge Johann von Sagan und dem Könige Matthias von Ungarn glückliche Kriege. Im Jahr 1481. gerieth er mit dem Bischoffe von

Neue Kriege des Churfürsten.

―――――――

1715. 8. p. 483. seq. Auch in Oelrichs Beiträgen zur Brand. Gesch. p. 126. Albrechts Testament findet man in Pauli's allgemeiner Preußischen Staatsgeschichte Th. II. p. 301.

Bamberg in Streitigkeiten, die zwar nicht in Krieg ausbrachen, aber ihm den Bannstrahl des heiligen Vaters zuzogen, welchen er aber verlachte.

<small>Churfürst Albrecht stirbt 1486</small> Im Jahr 1486. reiste er, ohngeachtet seines hohen Alters, nach Frankfurth, wo Kaiser Friedrich III. seinen Sohn Maximilian zum Römischen König wählen ließ. Daselbst starb er in dem Dominikaner-Kloster, worinn er sein Logis genommen hatte, am 11ten März 1486. in 72ten Jahr seines Alters. Seine Eingeweide wurden in diesem Kloster begraben, sein Leichnam aber in das Begräbniß seiner Väter nach Hailsbronn abgeführt.

<small>Schilderung desselben</small> Albrecht war einer der größten Helden und Staatsmänner seiner Zeit. Seine persönliche Tapferkeit war unbegränzt und hat ihm den Namen des deutschen Achilles erworben. Seine Zeitgenossen sagten von ihm, daß kein Winkel in Deutschland sey, den er nicht bewaffnet

betreten hätte. Er hatte während seines thatenreichen Lebens in Pohlen, Schlesien, Böhmen, Mähren, Sachsen, Franken, Burgund, Baiern, Schwaben und an Rhein fast beständig glückliche Kriege geführt. Er war aber nicht allein Held, sondern auch ein weiser und in allen Fächern geschickter Staatsmann. Seine Klugheit, sich aus den gefährlichsten Lagen zu finden, war so groß, die Schnelligkeit sowohl in der Fassung seiner Entschlüsse, als in der Ausführung derselben, so ausserordentlich, daß man ihn mit Recht den Deutschen Ulysses nennen konnte. Sein Einfluß aufs Deutsche Reich war jederzeit wichtig; da er aber erst Churfürst wurde, so lag die Regierung desselben fast ganz auf ihm. Giovanni sagt in Germaniae principe p. 501. Das Reich wurde durch den Kaiser Friedrich vom Churfürsten Albrecht von Brandenburg regiert.

Er war zweimal vermählt gewesen. Mit seiner ersten Gemahlin Margaretha, *Seine Nachkomen*

Markgraf Jacobs von Baaden Tochter, hatte er drei Prinzen und drei Prinzeßinnen gezeugt. Der älteste, Johannes, folgte ihm in der Churwürde, und die beiden folgenden, Friedrich und Wolfgang, starben als Kinder. Von den drei Prinzeßinnen vermählte sich die älteste, Ursula, an dem Herzog von Münsterberg, und die zweyte, Elisabetha, an den Grafen Eberhard II. von Würtenberg. Die dritte, Margaretha, wurde Aebtißin im St. Clara Kloster zu Hof.

Nach dem Tode seiner ersten Gemahlin am 21. November 1457. vermählte sich Albrecht zum zweitenmal mit des Churfürsten von Sachsen Friedrich II. Tochter, Anna, mit welcher er 5. Prinzen und 8. Prinzeßinnen zeugte. Der älteste, Friedrich, bekam Anspach; der zweite, Albrecht, starb als Kind; der dritte, Sigismund, bekam Culmbach; der vierte, Albrecht, und der fünfte, Georg, starben ebenfalls in der Jugend. Von den Töchtern vermählte sich die äl-

teste, Aemilia, mit dem Pfalzgrafen
Caspar von Zweybrücken; die zwei folgenden, Anna und Magdalena, starben
in der Jugend; die vierte, Barbara,
heurathete den Herzog Heinrich XI. von
Glogau, und die fünfte, Sibilla, den
Herzog Wilhelm III. von Jülich; die
sechste, Dorothea, gieng ins St. Clara
Kloster nach Hof; die siebente, Elisabeth, heurathete den Grafen Herrmann
von Henneberg, Römhildischer Linie, und
die achte, Anastasia, den Grafen Wilhelm V. von Henneberg, Schleusingischer
Linie *)

*) Mehr Nachricht v. d. Churf. Reg. Albrechts,
davon wir nur das merkwürd. berührt haben,
findet man in Falkenstein l. c. t III p. 254. ꝛc.
Rentschens Brandenb. Stammbaum p. 26. ꝛc.
Giovanni l. c. p. 500. seq. Lairizii Achilles
Germanicus, seu Albertus dector Brand,
delineatus. Ienae. 1670. e. a.

Zwölfter Abschnitt.

Regierung der Markgrafen Sigismund und Friedrich des ältern.
1486 — 1515.

Sigismund 1486 — 1495   Sigismund war gebohren am 28ten September 1468. Er hielt sich bis ins Jahr 1492. beim Kaiser Maximilian auf, der ihn auch zu seinem Feldhauptmanne ernannte. Er kehrte nun in seine Lande zurück, starb aber bald darauf am 26. Februar 1495. unvermählt. Mithin fiel auch das Fürstenthum Culmbach, oder oberhalb Gebürgs, an seinen Bruder Friedrich.

Friedrich senior 1486 — 1515   Friedrich mit dem Beinamen senior oder der ältere, weil er die sogenannte ältere Linie in Franken anfängt, war zu Anspach am 2ten Mai 1460. gebohren. Er hatte sich in der Schule seines Vaters zum Helden und Staatsmann gebildet,

bildet, und regierte mit großem Einfluß aufs Deutsche Reich.

Im Jahr 1488. zog er und sein Bruder Sigismund dem Kaiser Friedrich III. gegen die rebellischen Niederländer, die den Römischen König Maximilian zu Brügge gefangen hielten mit 700. Reutern zu Hülfe, befreiete den gefangenen Maximilian und half die Niederländer züchtigen. *) Im Jahr 1492. wurde er gegen den unruhigen Herzog Albrecht von Baiern, der die Stadt Regensburg weggenommen hatte, zum Feldherrn der Reichsarmee ernannt. Er drang daher mit 20000. Mann in Baiern ein, und zwang den Herzog bald zur Unterwürfigkeit. **) Im Jahr 1499. zog er dem Kaiser gegen die Schweitzer zu Hülfe, wo aber die Deutschen wenig Ehre einlegten. ***) Im Jahr 1504. wurde ihm

Seine Verdienste um das deutsche Reich.

---

*) Pfeffinger l. c. T. I. L. I. Tit. V. p. 788.
**) Groß Brand. Regentenhistorie p. 307.
***) Falkenstein l. c. tom. III. p. 295. seq.

und der Stadt Nürnberg die Vollstreckung der, über den Pfalzgrafen Ruprecht verhängten Acht aufgetragen, wo er neue Lorbeern einärndtete. Für seine Mühe und Unkosten erhielt er die Orte Freyenstatt und Heydeck; Nürnberg aber, das die meisten Unkosten gehabt hatte, erhielt einen großen Strich von der Pfalz, welchen es ihr großes Gebiet zu danken hat. *) Im Jahr 1508. zog Friedrich dem Kaiser persönlich, nebst seinen beiden Prinzen Georg und Casimir gegen Venedig zu Hülfe, wo er sich neuen Ruhm erwarb. **)

Verdienste um seine Lande. Eben so verdient machte er sich um die Regierung seiner Lande. Im Jahr 1497. zerstörte er viele Adeliche Raubschlösser in denselben und rottete dadurch

---

*) Schmidts Geschichte der Deutschen VII. Buch 31. Cap. p. 87 ꝛc. Pfeffinger l. c. tom. I. lib. I. p. 716. Falkenstein l. c. p. 303. Schauplatz Bairischer Helden p. 283. ꝛc.

**) Falkenstein l. c. p. 305. Pfeffinger l. c. p. 716. ꝛc. Mocenici bellum Cameracense adversus Venetos gestum, et a.

die Räubereien der Edelleute fast gänzlich aus. Im Jahr 1498. nahm er sich der armen Juden an, die man, wegen der grundlosen Beschuldigung einer Brunnen-Vergiftung, auf das grausamste verfolgte, und erwarb sich dadurch einen Platz in den Ephemeriden der Menschheit. *) Im Jahr 1500. erkaufte er die Stadt Mainbernheim vom Landgrafen Wilhelm von Hessen. **) Im Jahr 1508. kaufte er Streitberg von Georg von Streitberg. ***) Er ließ auch die sogenannten hohen Warten erbauen, und eine Wartordnung ergehen. ****)

Unter ihm erhuben sich auch die alten Streitigkeiten mit Nürnberg wieder, die aber durch den bekannten Harnesischen Vergleich bald wieder beigelegt wurden. In diesem Vergleiche, der von dem Nürn-

Krieg mit Nürnberg

*) Bodenschatz kirchl. Verfaſſ. der Juden c. a.
**) Groß l. c. p. 309.
***) Groß l. c. p. 306.
****) Fikenſchers Oratio de fatis Baruth, p. 15. wo die ganze Wartordnung enthalten iſt.

bergischen Deputirten Dietrich von Harras den Namen führt, gestanden die Nürnberger selbst dem Markgrafen die Jurisdiction bis an die Thore ihrer Stadt zu, welcher Vergleich in Wagenseils Com. de civ. Norimb. p. 306. e. a. enthalten ist. Da sich aber bald wieder neue Streitigkeiten entspannen, so wurde von verschiedenen Fürsten im Jahr 1502. zu Erfurt zwischen beiden Theilen abermals Friedens-Unterhandlungen eröffnet. Indessen fielen wegen des Affalterbacher Kirchweihschutzes zwischen beiden Theilen Streitigkeiten vor. Die Nürnberger Bürger zogen einige tausend Mann stark dahin, um ihr vermeintes Recht zu behaupten. Ein gleiches that der Prinz Casimir, ohne Mitwissen seines Vaters. Am Kirchweihtage, der auf den 19ten Junius fiel, kam es zwischen beiden Theilen zu einer blutigen Schlacht. Der Prinz schlug die Nürnberger, vornehmlich durch die Tapferkeit des berühmten Ritters, Götz von Berlichingen, aufs Haupt, eroberte alle Kanonen und das ganze Gepäcke, und erschlug auf die 1500. Mann. Der Schade, den die Nürnberger dadurch erlitten, war unersetzlich, denn ihre besten und arbeitsamsten Künstler und Handelsleute befanden sich unter den Toden, davon die Straße von Affalterbach bis Nürnberg übersäet war. Die Nürnberger waren aber auch darüber so erbittert, daß sie 72. Markgräfliche Soldaten, die sich zu lange beim Plündern aufhielten, und von den Bauern, in deren Dörfer sie sich während der Nacht verirrt hatten, gefangen genommen wurden, in Nürnberg öffentlich vom Scharfrichter hinrichten ließen. Indessen kam die Nachricht von dem zu Erfurt geschlossenen Frieden. Da dieser nun am 30ten Junius mit Sonnen-Aufgang den Anfang nehmen sollte, und die Nürnberger am 29ten Abends die Nachricht erhielten; so fielen sie noch während der Nacht in das Markgräfliche Gebiet, und hausten mit sengen und brennen bis ihnen die aufgehende Sonne Friede gebot.*)

*) Groß Brand. Kriegsgesch. Cap. 12.

<small>Friedrich stiftet das Kloster St. Jobst.</small>

Im Jahr 1514. stiftete Friedrich das Kloster St. Jobst ohnweit Goldkronach, für 12. Franziskaner Mönche, mit Bewilligung des Pabstes Julius II. *)

<small>Friedrich wird blödsinnig, und stirbt.</small>

Bald hernach fiel dieser rühmliche Fürst in eine große Schwäche des Verstandes. Seine beiden ältesten Söhne Casimir und Georg übernahmen daher mit Bewilligung des Kaisers die Regierung, und brachten ihrem Vater auf Plassenburg in Verwahrung, wo er am vierten April 1536. starb und zu Hailsbronn beigesetzt wurde.

<small>Seine Nachkommen.</small>

Mit seiner Gemahlin Sophia, Königs Casimir IV. von Pohlen Tochter, hatte er 10. Prinzen und 7. Prinzessinnen gezeugt. Die beiden ältesten Prinzen, Casimir und Georg, folgten ihrem Vater in der Regierung; der dritte, Albrecht, wurde zuerst Hochmeister des Deut-

---

*) Mehrere Nachricht von diesem Kloster findet man in dem ersten Stück von Oetters Sammlung hister. Wiss. und Spies l. c. p. 189. ic.

schen Ordens, und dann im Jahr 1525. der erste Herzog von Preußen; der vierte, Friedrich, starb in der Jugend; der fünfte, Johannes, wurde Spanischer Vicekönig zu Valencia, und heurathete die Wittwe des Königs Ferdinand des Katholischen, Germana von Foix; der sechste, Friedrich, wurde Dom-Probst zu Würzburg; trat nachher in Kaiserliche Kriegsdienste; der siebente Wilhelm, wurde Erzbischoff zu Riga; der achte, Johann Albrecht, wurde im Jahr 1499. zum Coadjutor von Magdeburg erwählt; der neunte, Friedrich Albrecht, starb in der Jugend, und der zehnte, Gumbrecht, wurde zuerst Domherr zu Würzburg, und hierauf Kammer-Herr beim Pabst Leo X.

Von den Prinzeßinnen starb die älteste, Elisabeth, in der Jugend; die zweite, Margaretha, versprach sich mit Johann von Zopolia, König von Ungarn, starb aber unvermählt; die dritte, Sophia, heurathete den Herzog Friedrich II. von Liegnitz; und die vierte, Anna, den Herzog Wenzeslaus III. von Teschen; die fünfte, Barbara, starb in der Jugend; die sechste, Elisabeth, vermählte sich mit dem Markgrafen Ernst von Baaden, und die siebente, Barbara, mit dem Landgrafen Georg von Leuchtenberg.

Dreizehnter Abschnitt.

Regierung des Markgrafen Casimir, und Geschichte des unglücklichen Bauern Aufruhrs in Franken.
1515 — 1527.

Casimir war der älteste Prinz Friedrich des ältern, gebohren zu Anspach am 27ten September 1481. In seiner Jugend widmete er sich dem geistlichen Stande und war schon zu Mainz, Bamberg und Würzburg Domherr gewesen*) Er vertauschte aber bald das Brevier mit dem Schwerdte, und zeigte in der Affalterbacher Schlacht und im Venetianischen Kriege seine Tapferkeit. Im Jahr 1515. übernahm er und sein Bruder Georg die Regierung, und theilten sich also, daß Casimir das Fürstenthum ober-

Casimir 1515—1527.

*) Falkenstein l. c. T. III. p. 316.

halb, und Georg das Fürstenthum unterhalb Gebirgs bekam.

Seine Verdienste

Im Jahr 1519. schickte ihm König Carl von Spanien, nach dem Tode seines Grosvaters, des Kaisers Maximilian I. als Abgesandten auf den zur Kaiserwahl versammelten Reichstag. Er brachte es auch durch seine Klugheit dahin, daß Carl zum Kaiser erwählt wurde, welcher ihn daher mit vielen Gunstbezeigungen überhäufte. *)

Von der bald darauf in seinem Lande ausgebreiteten Reformation, wird, um den Zusammenhang nicht zu stören, unter Georg dem Frommen mehrere Nachricht gegeben werden.

Im Jahr 1520. trat der Markgraf die von seinem Vater im Pfälzischen Kriege erlangten Orte, gegen andre Vortheile, wieder ab. Im Jahr 1523. trat er

---

*) Rentsch. l. c. p. 612. Falkenstein l. c. p. 319. sq. et al.

dem Schwäbischen Bunde zur Aufrechthaltung des Landfriedens bei, half den Herzog Ulrich von Würtenberg aus seinem Lande vertreiben und viele Adeliche Raubnester zerstören. In kurzer Zeit eroberte er die Schlösser Drachenfels, Bocksberg, Walbach, Wallmershofen, Luchsburg, Reusenburg, Altguttenberg, Weisdorf, Dietenhofen, Streitberg, Waldstein, Neualtenburg, Hohenburg, Fulberg, Aschhausen, Auw, Gnötgen, Krögelstein, Oberwied, Themersheim, Berthelsheim, Gattendorf, Cammerstein, Sparneck, Truppach, Stockenroth, Wolfstein, Weißendorf, Wüstenstein, u. a. m. und legte sie in Ruinen, deren man noch unzählige antreffen kann.

Im Jahr 1525. brach der erschreckliche Bauernkrieg in Schwaben aus, von wo aus er sich mit unglaublicher Schnelligkeit durch ganz Deutschland verbreitete, und die schrecklichsten Verwüstungen anrichtete. Auch die Bewohner unserer Lande, besonders die im Baireuther Unter- *Bauernkrieg* lande, in der Neustädter Gegend, ergriff der Geist der Empörung; sie verließen ihre friedlichen Hütten, und folgten der verführerischen Stimme einer übel verstandenen Freiheit. Zuerst brachen die Bauern von Ergersheim auf, welchen bald die Einwohner von Markt Lenkersheim, Burgbernheim, Markt Bürgel, Markt Erlbach, und Dietenhofen folgten. In kurzer Zeit versammelten sich fast alle Bauern im Aischgrunde, zu welchen sich auch viele Bürger und Bauern von andern Gegenden gesellten. Wer nicht mit ihnen zog, wurde grausam gemißhandelt. Alle Dörfer, die ihnen nicht beistanden, wurden weggebrannt, viele Schlösser zerstört, die Edelleute ermordet, die Kirchen und Klöster geplündert und ruinirt, und die Geistlichen übel behandelt. Nachdem sie die Gegend um Uffenheim, und alle kleinere Orte im Aischgrunde, die es nicht mit ihnen hielten, verwüstet hatten, zogen sie am 8ten Mai 3000. Mann stark, vor Neustadt an der Aisch, eroberten diese Stadt, und plünderten sie ganz aus. Nun zog Markgraf Casimir, wegen der Abwesenheit seines Bruders Georg in Pohlen, am 13. Mai mit 1000. Fußvölkern, 600. Reutern und 14. Kanonen gegen sie zu Felde. Die Bauern theilten sich nun in 3. große Haufen. Einer rückte an die Tauber, welcher den berühmten Götz von Berlichingen gezwungen hatte, sein Anführer zu werden; der andere rückte nach Windsheim, und der dritte vor Würzburg, wo er den Domdechanten Friedrich, Markgraf Casimirs Bruder, im Schlosse wüthend belagerte, aber mit Verluste von mehr als 3500. Mann zurückgeschlagen wurde. Markgraf Casimir versuchte Anfangs die Güte, aber vergebens. Nun zeigte er Ernst, brannte Oberndorf, Kaubenheim und Meinheim weg, und griff einen Trupp von 500. Bauern an, hieb die meisten davon nieder, und nahm die übrigen gefangen. Hierauf zog er nach Ipsheim, nahm den Einwohnern 300. fl. Brandschatzung ab und ließ zehn Rädelsführer köpfen. Er eroberte hernach Lenkersheim mit Sturm, ließ fünf Rädelsführer köpfen und sieben andern die Finger abschlagen. Hierauf brannte er Ikkelsheim, Sontheim und Westheim weg. Zu Leutershausen ließ er viele Rädelsführer hinrichten, und hierauf brannte er Urfersheim vor dem Angesichte der Bauern weg. Nun zog er gegen die Bauern im Würzburgischen. Der sogenannte schwarze Haufe aus Schwaben wurde bei Königshofen geschlagen, und über 8000. Bauern niedergemacht. Die Bauern, die Würzburg belagerten, schickten diesem 12000. Mann zu Hülfe, welche aber auf dem Wege angegriffen, geschlagen, und mehr als 6000. von ihnen niedergehauen wurden. Der Markgraf Casimir entsetzte sodann am 7ten Junius die Stadt Würzburg und ließ 60. gefangenen Rädelsführern die Köpfe abschlagen. Er zog sodann vor Schweinfurth, und zwang die Rebellen zum Gehorsam. Von da rückte er ins Hennebergische und eroberte Meinungen. Bei Ostheim griff er 8000. Bauern an, die sich aber so wüthend wehrten, daß dem Markgrafen zweimal das Pferd unter dem Leibe erstochen wurde. Er schlug sie endlich doch; die meisten wurden niedergehauen und die übrigen gefangen genommen.

Der Markgraf gieng hierauf in seine Lande zurück, eroberte Neustadt an der Aisch und ließ 18. Rädelsführern die Köpfe abschlagen. Sodann bestrafte er die Aufrührer zu Markt Bergel mit 900. fl. und die zu Burgbernheim mit 1200. fl. u. s. w. und ließ 43. Rädelsführer in dieser Gegend enthaupten. Von da gieng er und Markgraf Georg, der indessen aus Pohlen wieder zurück gekommen war, ins Baireuther Oberland, wo indessen Unruhen ausgebrochen waren.

Zu Baireuth hatte ein Pfannenflicker und Kupferschmid die Bürger aufgewiegelt. Seine Helfershelfer waren Conrad Bidermann ein Messerschmiedt, Johann Preusinger ein Beck, Johann Todschinder, Johann Königsheim, Georg Eck,

Johann Hemmel und Friedrich Worm. Diese steckten auch die Bauern und die Culmbacher und Pegnitzer an. Sie widersetzten sich den Befehlen der Obrigkeit, griffen aber nicht zu den Waffen, und wurden daher von den Markgrafen ohne Gewalt wieder zur Unterwürfigkeit gebracht, welche dann 14. Rädelsführer aus Baireuth, Culmbach und Pegnitz zu Culmbach hinrichten ließen. Von da giengen sie nach Wonsiedel, wo Johann Kolb ein Schneider, Georg Zürner und Nicolaus Voigt, welche die Bürger aufgewiegelt hatten, enthauptet wurden, und so wurde Aufruhr im ganzen Lande gestillt. *)

Casimir geht nach Ungarn und stirbt 1527. Bald darauf gieng Markgraf Casimir nach Ungarn, und übernahm die ihm vom König Ferdinand I. übertragene, Feldherrnstelle, gegen den Woywoden von

---

*) V. diesem Aufruhr siehe Rentsch l. c. p. 614. Falkenstein l. c. p. 323. sq. Groß Brand. Kriegshistor. Petri Criniti belli rusticani historia. Gnodalli hist. rust. tum. e. a.

von Siebenbürgen, Johann von Zopotia, der auch von einigen Ungarischen
Ständen zum König erwählt worden
war. Markgraf Casimir zeigte sich in
diesem Kriege als ein großer Feldherr,
und eroberte unter andern auch die Stadt
Ofen im Jahr 1527. *) Daselbst starb
er aber noch vor Ausgang des Krieges
am 21sten September an der rothen
Ruhr, worauf sein Leichnam nach
Hailsbronn geführt und daselbst beigesetzt wurde.

Er hatte mit seiner Gemahlin Su- Sein Sohn
sanna, Herzog Albrechts IV. von Baiern Albrecht
Tochter, zwei Söhne und drei Töchter
gezeugt. Der älteste, Albrecht, folgte
ihm in der Regierung, stand aber während seiner Minderjährigkeit unter der
Vormundschaft seines Onkels, Georg
des Frommen; der zweite, Friedrich,
starb in der Jugend. Die älteste Prin-

---

*) Ortelii Chronica des Ungrischen Kriegswe-
sens 1 Theil p. 42. et al.

N

zeßin, Maria, vermählte sich mit dem Churfürsten Friedrich III. von der Pfalz und die dritte, Cunigunda, mit dem Markgrafen Carl II. von Baaden; die zweite, Catharina, starb in der Jugend.

———

Vierzehnter Abschnitt.

Regierung des Markgrafen Georg des Frommen, und Geschichte der Reformation in unsern Landen. 1515 — 1543.

Markgraf Georg der Fromme wurde zu Anspach am 4ten März 1484. gebohren. Er wurde an dem Hofe des Königs Wladislaus II. von Ungarn und Böhmen, seiner Mutter Bruder, sehr sorgfältig in den Wissenschaften unterrichtet, in welchen er große Fortschritte machte. Er widmete sich auch nachher dem geistlichen Stande, und wurde im Jahr 1498. Domherr zu Würzburg, resignirte aber wieder im Jahr 1506. *) Im Jahr 1513. schenkte ihm König Wladislaus, als ein Zeichen seiner Gewogenheit, die Gespannschaft Warasdin in Ungarn. Im

Georg der Fromme, 1515 — 1543.

---
*) Falkenstein l. c. tom. III. p. 364.

Jahr 1515. trat er die Regierung des Fürstenthums Anspach an.

Kauft das Herzogthum Jägerndorf. Im Jahr 1523. verkaufte er die Gespannschaft Warasdin, und kaufte dafür von Georg von Schellenberg das Herzogthum Jägerndorf, welchen Kauf Ludwig, König von Ungarn und Böhmen, als Oberlehensherr, nicht nur d. d. Ofen den 3. Julius 1523., bestätigte, sondern Georgen auch im folgenden Jahre damit erblich belehnte. *)

*) Daher rühren unter andern mit die Ansprüche Friedrich des Einzigen auf Schlesien. Nach Georgs Tode wurde das Herzogthum, wegen der Unruhen des Markgrafen Albrecht, für Georgs Sohn, Georg Friedrichen sequestrirt, ihm aber bei seinem Regierungsantritte im Jahr 1557. wieder herausgegeben. Im Jahr 1595. übergab es Georg Friedrich per donationem mortis causae, dem Churfürsten Joachim Friedrich von Brandenburg. Dieser gab es im Jahr 1607. seinem Sohne Johann Georg, der wegen der Evangelischen Religion, im Jahr 1604. dem Bischöflichen Stuhl von Strasburg verlassen mußte. Da nun dieser die Unvorsichtigkeit begieng, sich mit dem, von den Böhmen zum König erwählten, Churfürsten Friedrich V. zu verbinden, so wurde er, d. d. Wien den 22 Januar 1621., in die Reichsacht erklärt, und von Land und Leuten gejagt. Kaiser Ferdinand II. behielt nun dieses Herzogthum für sich, welches er, wo nicht Johann Georgs

Im Jahr 1525. reiste Markgraf Georg in Angelegenheiten seines Bruders Albrecht, des Deutschen Ritter Ordens

Entstehung des Herzogthums Preußen.

Sohne, Ernsten, doch unstreitig seinen Verwandten hätte wieder zurückgeben sollen und müssen.

Anderweitige Ansprüche auf Schlesien rühren auch von der solennen Erbverbrüderung her, die Churfürst Joachim II. im Jahr 1537. mit dem Herzoge von Liegnitz schloß, welcher die Herzogthümer Liegnitz, Brieg und Wohlau besaß. Da nun im Jahr 1675. diese Herzoge ausstarben, so hätte Brandenburg succediren sollen, aber der Kaiser Leopold behielt die 3. Herzogthümer für sich.

Auch auf Oppeln und Ratibor hätte Brandenburg gegründete Ansprüche machen können. Georg schloß nehmlich im Jahr 1512. mit den Herzogen Johannes von Oppeln und Valentin von Ratibor eine Erbverbrüderung, die von den Königen von Ungarn und Böhmen Wladislaus und Ludwig bestätiget wurde. Zwar verkaufte Georg im Jahr 1531. seine Rechte gegen 13000. Ducaten an dem König Ferdinand, welcher Verkauf aber nach den Brandenburgischen Erbverträgen ungültig ist, in welchen es heißt, daß es keinem Brandenburgischen Fürsten erlaubt seyn sollte, etwas von seinen Landen zu veräußern, und würde einer es dennoch thun, so sollten seine Nachfolger berechtigt seyn, das dergestalt widerrechtlich veraußerte wieder zu vindiciren.

Friedrich der Einzige suchte daher seine gegründete Ansprüche auf Schlesien im J. 1740. hervor, und setzte sie so glücklich durch, daß

N 3

Hochmeister, nach Pohlen. Dieser führte nehmlich schon seit dem Jahre 1518. mit dem Könige Sigismund von Pohlen Krieg, welchen er nöthigen wollte, der Oberlehensherrschaft, die er über den Deutschen Orden in Preußen *) behaup-

ihm in dem Frieden zu Breslau im Jahr 1742. in den Frieden zu Dresden 1745., in den Frieden zu Hubertsburg 1763. und im Frieden zu Teschen 1779. der Besitz von ganz Schlesien, ausser den Herzogthümern Jägerndorf, Troppau und Teschen, und die Grafschaft Glatz abgetreten wurde.

*) Die deutschen Ritter wurden im Jahr 1224. von dem Herzoge Conrad von Massovien gegen die Preußen, die damals noch Heiden waren, und ihre Nachbarn durch ihre Einfälle unaufhörlich beunruhigten, zu Hülfe gerufen. Der Pabst Gregor IX. und Kaiser Friedrich II. schenkte ihnen schon im voraus ganz Preußen, wenn sie es erobern würden. Nach einem 50jährigen blutigen Kriege brachten sie im Jahr 1283. das Land völlig unter ihre Bothmäßigkeit. Sie ließen es durch ihren Hochmeister regieren, der im Jahr 1309. seinen Sitz zu Marienburg nahm. Da sie aber nachher anfiengen, ihre Unterthanen unmenschlich zu drücken, ergaben sich diese im Jahr 1545. dem Könige Casimir III. von Pohlen. Dadurch entspann sich ein langer und blutiger Krieg, der endlich durch den Frieden zu Thoren am 16. October 1466. so geendigt wurde, daß die Deutschen Ritter Westpreußen der Krone Pohlen ganz überlassen, Ostpreußen aber von Pohlen zu Lehen nehmen mußten. Im Jahr 1512.

tete, zu entsagen. Markgraf Georg brachte es aber durch seine klugen Unterhandlungen dahin, daß der König dem Hochmeister Albrecht den Vorschlag that, Ostpreußen als ein Herzogthum erblich zu empfangen und es von Pohlen zu Lehen zu nehmen. Albrecht willigte in diesen Vorschlag, und der Deutsche Orden mußte es sich gefallen lassen, so sehr

wählten sie den Markgrafen Albrecht wegen seiner Tapferkeit zum 31sten Hochmeister. Dieser wollte die Ritter von ihrer Lehensverbindlichkeit los machen, und bekriegte im Jahr 1518. den König Sigismund I., bis im Jahr 1525. sein Bruder, Markgraf Georg oben angeführten Vergleich zuwege trachte. Churfürst Joachim II. stiftete nachher mit dem Herzoge eine Erbverbrüderung, nach welcher, wenn des Herzogs Familie aussterben sollte, Chur-Brandenburg in Preußen succediren sollte. Da nun Albrechts Sohn und Nachfolger Albrecht Friedrich, im Jahr 1618. ohne männliche Nachkommen starb, so nahm Chur-Brandenburg von Preußen Besitz. Im Jahr 1657. mußte Pohlen dem Churfürsten Friedrich Wilhelm dem Großen von seiner Lehensverbindlichkeit völlig lossprechen, welches in dem Frieden zu Oliva im J. 1660. bestätiget wurde. Friedrich der Einzige nahm in der Theilung von Pohlen im Jahr 1772. auch das andre Stück von Preußen, Westpreußen genannt, dem Pohlnischen Reiche ab. Was mit diesem unglücklichen Reiche noch vorgehen wird, wird die Zeit lehren.

er sich auch dagegen sträubte. Albrecht wurde zu Cracau am 10ten April 1525. mit dem neuem Herzogthume vom König Sigismund feierlich belehnt, wobei Markgraf Georg durch Mitergreifung der Lehensfahne die Belehnung mit erhielt.

Vormundschaft über seinen Vetter Albrecht   Im Jahr 1527. übernahm er nach dem Tode seines Bruders Casimir die Vormundschaft über dessen unmündigen Sohn Albrecht, die er sehr rühmlich führte. Er nahm sogleich mit Sachsen eine Gränz-Regulirung vor, dadurch die Orte Bernstein, Reizenstein, Issgau, Gattendorf, Hartmannsreuth, Nentschau, Losau, Hohenberg, Niedernberg, Isar, Gümpertsreuth und Trogen völlig an Baireuth kamen. Den Prinzen Albrecht ließ er in den Wissenschaften vortreflich unterrichten, konnte aber seinen unbändigen Geist nicht bezähmen. Im Jahr 1543. erklärte er ihn für majorenn und theilte mit ihm die Markgräflichen Lande. Dabei zeigte sich aber Albrecht so begierig und zanksüchtig, daß ihn sein Onkel im Zorne zum Duelle herausforderte, welches aber durch Vermittelung der Minister noch glücklich hintertrieben wurde.

Im Jahr 1540. kaufte Markgraf Georg von Wolff von Wilhermsdorf den Ort Lehrberg *) für eine unbekannte Summe. {Georg kauft den Ort Lehrberg.}

Im Jahr 1541. ertheilte Kaiser Carl V. beiden Fürstenthümern auf dem Reichstage zu Regensburg ein Privilegium de non appellando, worinn die Appellations-Summe 400. Fl. gesetzt wurde. {Privilegium de non appellando}

Das vorzüglichste Verdienst aber, das sich Markgraf Georg sowohl um seine Lande als um das ganze deutsche Reich {Reformation in den beiden Fürstenthümern}

---

*) Dieser ansehnliche Flecken gehörte in den ältesten Zeiten den Adelichen von Virkenfels. Schon im Jahr 1059. wurde die Kirche daselbst vom Bischoffe Gundathar von Eichstätt geweihet. Im Jahr 1457. wurde in diese Kirche eine Brüderschaft unsrer lieben Frauen Himmelfahrt und der getreuen Nothhelfer und Märtyrinn St. Margarethe gestiftet, die aber im Jahr 1543. aufgehoben wurde. Groß Brand. Regentenhistorie p. 356.

erwarb, ist seine eifrige Ausbreitung der reinen Lehre Jesu in seinen Landen, und die standhafte Vertheidigung derselben in den drohendsten Gefahren. Schon im vorigen Jahrhunderte war der Forschungsgeist in einem Theile von Deutschland, in Böhmen, erwacht, und hatte die Fesseln des Pabstthums zerbrochen. Die Päbste wurden von der Zeit an unaufhörlich aber vergebens von jedem Edelgesinnten bestürmt, eine Reformation mit der ganz verderbten Christlichen Kirche vorzunehmen. *) Da nun Pabst Leo X. die Ablaßkrämerei in Deutschland durch Tezeln betreiben ließ, so setzte sich

---

*) Siehe hierüber Groß Brand. Religions und Reformationsgeschichte; von der Lith. Brand. Reformationshistorie. Robertsons Geschichte der Regier. Kaiser Carls V. de Seckendorf de Lutheranismo. Sleidan de Statu relig. et reip. Carolo V. Caesare Commentarli. Schülin Leben des Markgrafen Georg des Frommen; a Lilien divus Georgius fidei etc. confesor, Schülins Fränkische Reformationsgeschichte. Layritz diſſ. de articulis Suabacensibus A. C. fundamento, Reinhard Oratio de iis, quae sacrorum in Franconia emendationem faciliorem reddiderunt. Cyprian Hist. Aug. Confess. et a.

ein Augustiner-Mönch zu Wittenberg, D. Martin Luther, ein helldenkender, außerordentlich gelehrter, und der reinen Lehre Jesu eifrig ergebener Mann, diesem Unfuge öffentlich entgegen. Er fand bald an Melanchthon und andern würdigen Männern eifrige Anhänger und standhafte Vertheidiger seiner Lehre, die sich nun immer weiter verbreitete, und sich an dem Churfürsten Friedrich dem Weisen von Sachsen, einen mächtigen Beschützer erwarb.

Auch in unsern beiden Fürstenthümern fand diese neue Lehre baldige Anhänger. Zuerst lehrte sie ein Schulmeister zu Hof seinen Kindern, der aber darüber fortgejagt wurde. Im Jahr 1420. predigten zuerst zwei Pfarrer zu Dietenhofen, Caspar Prechtel und Lorenz Hiller, die Reformation öffentlich, und erhielten außerordentlichen Zulauf und Beifall. Der Markgraf Georg ließ daher den Lorenz Hiller ins Gefängniß werfen, wo er auf den Tod saß. Der Markgraf erlaubte ihm jedoch, seinen Glauben vertheidigen zu dürfen, wobei er gegenwärtig war, und sich selbst von der Wahrheit derselben überzeugte. Er sprach daher nicht nur den gefangenen Prediger loß, sondern erklärte sich auch bald darauf öffentlich als einen Anhänger der neuen Lehre, die sich nun in kurzen im ganzen Lande ausbreitete.

Die päbstlichen Anhänger setzten sich nun mit allen Kräften gegen die weitere Ausbreitung dieser für ihr Ansehen so gefährlichen Ketzereien. Der Kaiser lud Luthern auf ihr Anstiften im Jahr 1521. nach Worms zur Verantwortung vor, wo er zugleich einen Reichstag anstellte. Luther vertheidigte sich aber auf demselben mit einem solchen Muthe und Standhaftigkeit, daß ihm der Kaiser selbst seine Bewunderung nicht versagen konnte. Dennoch erklärte er ihn wenige Tage nach seiner Abreise, am 26ten April, für vogelfrei, und aller Rechte eines Bürgers verlustig. Churfürst Friedrich der

Weise ließ ihn daher von Husaren aufheben, und zur Sicherheit auf die Festung Wartburg bringen, wo er seine Uebersetzung der Bibel eifrig fortsetzte.

Im Jahr 1525. nöthigten die Bauern den Probst und Convent zu Langenzenn, ihre Ordenskleider abzulegen. Nach gestillten Unruhen befahl ihnen der Bischof Conrad von Würzburg, dieselben bei Strafe des Bannes und 200. fl. wieder anzulegen. Markgraf Casimir befahl ihnen aber das Gegentheil, mit dem Zusatze, daß ihnen der Bischof keineswegs eine solche Strafe aufzulegen hätte, weil sie unter seines Bruders Georgs Jurisdiction ständen. Auf diesen Befehl verließen einige Pfaffen das Kloster und giengen nach Würzburg, die andern nahmen die Reformation an; und das Stift wurde secularisirt.

Ohngeachtet sich aber Casimir bei dieser Gelegenheit sehr standhaft in der Behauptung seiner Rechte in Kirchensachen bewieß, so schwankte er doch noch immer in seinen Meinungen zwischen Katholiken und Lutheranern. Ja im Jahr 1526. wollte er sogar das Frohnleichnams-Fest wieder einführen, wovon ihn aber die Ermahnungen des Pfarrers zu Creilsheim Adam Weis, und Johannes von Wallenfels zu Lichtenberg eines biedern Ritters noch abhielten. In einem Briefe an seinen Bruder Georg rieth er diesem, es in Religionssachen nicht ganz mit dem Kaiser zu verderben. Diesen Brief schickte Georg seinem Bruder mit Randglossen zurück, davon unter andern einige also hießen: Hundert Artikel und keiner gehalten ist nichts: Wo jedermann des Teufels will seyn, so will ich Gott vertrauen und meine Seele nicht williglich verdammen u. s. w.

Im Jahr 1526. wurde ein Reichstag zu Speier gehalten, auf welchem die Lutheraner eine fast ganz freie Ausübung ihrer Religion erhielten. Im folgenden Jahre secularisirte Markgraf Georg das Kloster zu Neustadt am Culm. Im Jahr 1528. wurde der bekannte Religionsconvent zu Schwabach angestellt. Auf demselben wurden die 17. sogenannten Schwabacher Artikel verfertigt, die nachher der Augsburger Confession zum Grunde gelegt wurden, und wegen welcher Markgraf Georg selbst zu Luthern nach Wittenberg reiste. Auf eben diesem Religionsconvente secularisirte der Markgraf die Klöster Mönchaurach, Wilzburg, und St. Jobst bei Goldkronach und führte die Reformation durch ein Gesetz förmlich in beiden Fürstenthümern ein. Im folgenden Jahre secularisirte er, nach dem Tode des Abts Christophs von Hirschheyd, das Kloster Mönchsteinach.

In eben diesem Jahre wurde der berühmte Reichstag zu Speier gehalten, welchem König Ferdinand als Kaiserlicher Abgesandter beiwohnte. Auf demselben wurde der Wormser Reichs-Abschied vom Jahr 1521. bestätigt, alle fernere Neuerungen und die Abschaffung der Messe verboten, bis zu den Beschluß eines allgemeinen Concilli, welches bald sollte gehalten werden. Wider diesen Abschied protestirten aber am 19ten Mai 1529. der Churfürst von Sachsen, der Markgraf Georg, Hessen Lüneburg, Anhalt und die Gesandten von Strasburg, Nürnberg, Ulm, Costnitz, Reutlingen, Windsheim, Memmingen, Lindau, Kempten, Hailsbronn, Isny, Weissenburg, Nördlingen und St. Gallen; daher man diese die Protestanten nannte, welcher Name sich dann auf alle Anhänger Luthers erstreckt hat.

Es wurde daher auf das folgende Jahr ein neuer Reichstag nach Augsburg ausgeschrieben, auf welchem alles entschieden werden sollte. Er wurde am 22ten März eröffnet und am 15ten Junius fand sich der Kaiser selbst ein. Die Protestanten legten nun auf demselben dem Kaiser ihr von Melanchthon verfertigtes Glaubensbekenntniß vor, welches Markgraf Georg mit einer vortreflichen und muthigen Rede begleitete. Die Protestantischen und Katholischen berühmtesten Theologen disputirten nun mit einander darüber; da aber keine Vereinigung zu Stande kam, so wurde die ganze Christenheit nochmals auf ein allgemeines Concilium verwiesen. Während dieses Reichstags hatte Markgraf Georg besonders Gelegenheit seine Standhaftigkeit und Großmuth zu zeigen. Er sagte dem Kaiser, daß er ohngeachtet aller seiner Drohungen dennoch standhaft bei seinem Glauben verharren und denselben bis auf den letzten Blutstropfen vertheidigen würde. Als ihm der Kaiser durch Versprechungen von der Protestantischen Parthei abziehen wollte, antwortete er, er würde nie seiner irdischen Vortheile wegen etwas aufopfern, was er für die Sache Gottes hielte. Da der Kaiser die Protestanten zwingen wollte, dem feierlichen Umgange beim Frohnleichnamsfeste mit beizuwohnen, sagte er, er wolle lieber sein Haupt dem Beile des Henkers darbieten, als Gott und die Lehre verläugnen, die er bekenne. Durch diese muthige Antwort bewogen, ließ der Kaiser den Protestanten ihren Willen. Zu Ende des Reichstags schloßen die Katholiken am 22ten November ein Bündniß gegen die Protestanten.

Im folgenden Jahre kam endlich auch zwischen diesen zu Schmalkalden am 29. März ein Bündniß zu Stande, welchen aber Markgraf Georg nicht beitrat. Die Ursachen dieses Schrittes, über welchen er allgemein getadelt wurde, waren aber für ihn sehr wichtig. Der Kaiser hatte ihm nehmlich gedroht, ihm, wenn er sich in ein Bündniß einlassen würde, die Vormundschaft über seinen Vettern Albrecht zu entziehen. Dieser würde dann, wenn er in die Hände des Kaisers rathen wäre, katholisch erzogen worden seyn, und dadurch wären des edlen Markgrafen Bemühungen, die reine Lehre in seinen Landen zur herrschenden zu machen, ganz vereitelt gewesen.

Die Protestanten hatten an dem Könige von Frankreich und den Türken mächtige Unterstützer. Jener zog des Kaisers Aufmerksamkeit und Macht in eine andere Gegend, und diese bestürmten unaufhörlich seinen Bruder, dem König Ferdinand von Ungarn. Um nun gegen diese gefährlichen Feinde Hülfe zu erlangen, mußte man den Protestanten auf dem Reichstage zu Nürnberg am 23. Julius 1532. eine völlige Religionsfreiheit zugestehen, welcher jedoch die Clausul angehängt war, bis ein allgemeines Concilium den ganzen Religionsstreit entscheiden würde, und an diesen noch übrig gelassenen Funken der Zwietracht entzündete sich nachher die Flamme des Kriegs. Dieser Friede ist unter dem Namen des Nürnberger Religions-Frieden bekannt. In eben diesem Jahre starb am 16ten August Churfürst Friedrich der Weise von Sachsen, und ihm folgte sein Sohn der standhafte aber nicht so gemäßigte, hitzigere Johann Friedrich, der aber die Sache der Protestanten eben so eifrig als sein Vater vertheidigte.

Im Jahr 1534. starb Pabst Clemens VII., und ihm folgte der Kardinal Alexander Farnese, unter dem Namen Paul III. auf dem heiligen Stuhle. Im folgenden Jahre verlängerten die Schmalkaldischen Bundes-Genossen ihren Bund auf 10. Jahre und im Jahr 1538. trat auch der König von Dännemark zu demselben. Im Jahr 1540. secularisirte Markgraf Georg nach dem Tode der Aebtissin Dorothea von Hirschhend das Kloster Pirkenfeld. Im Jahr 1541. wurde der Reichstag zu Regensburg eröffnet. Der Kaiser reiste selbst dahin, und kehrte auf seinem Wege bei dem Markgrafen Georg zu Anspach ein, welcher ihn von da auf den Reichstag begleitete. Die gewünschte Vereinigung kam aber nicht zu Stande, und nochmals wurde auf ein allgemeines Concilium hingewiesen. Indessen bedrückte der Kaiser die Protestanten immer mehr, die gegenseitige Eifersucht und Erbitterung bei den Religions-Partheien nahm täglich zu, und es fehlte nur noch der Funken, der das Kriegsfeuer entzünden sollte. Markgraf Georg erlebte aber die Schrecken dieses blutigen Krieges nicht und der Tod entriß ihn am 27. December 1543. dieser Welt.

Markgraf Georg stirbt 1543.

Er war dreimal vermählt gewesen. Seine erste Gemahlin Beatrix, Bernhards von Frangepan Tochter, die er im Jahr 1506. heurathete, starb schon im Jahr 1509. ohne Kinder. Er verheurathete sich daher wieder zum zweitenmal mit Hedwig, Herzog Carls von Münsterberg Tochter, im Jahr 1525., mit der er zwei Töchter zeugte, davon sich die älteste, Anna Maria, mit dem Herzoge Christoph von Würtenberg, und die zweite, Sabina, mit dem Churfürsten Johann Georg von Brandenburg vermählte. Nach dem Tode seiner zweiten Gemahlin verheurathete er sich zum drittenmal mit Aemilia, Herzog Heinrichs

Sein Sohn und Nachfolger Georg Friedrich.

von Sachsen Tochter, mit welcher er drei Töchter und einen Sohn, Georg Friedrich, zeugte, der ihm in der Regierung folgte. Von den Töchtern heurathete die erste, Sophia, den Herzog Heinrich von Liegnitz, und die dritte, Catharina Dorothea, Heinrichen von Plauen, den letzten Burggrafen von Meißen; die zweite, Barbara, wurde wegen Verstandesschwäche in ein Kloster gesteckt.

Funfzehnter Abschnitt.

Geschichte des Markgrafen Albrecht mit dem Beinamen Alcibiades, und des Religions und Albertinischen Kriegs.
1527 — 1557.

Markgraf Albrecht wurde am 28. März 1522. gebohren. Nach dem Tode seines Vaters im Jahr 1527. übernahm sein Onkel, Markgraf Georg, die Vormundschaft über ihn, und versäumte nichts in seiner Erziehung. Im Jahr 1543. wurde er von demselben für volljährig erklärt, und trat die Regierung an. Da noch in eben diesem Jahre sein Onkel starb, so übernahm er wieder die Vormundschaft über den unmündigen Sohn desselben, Georg Friedrichen. Er secularisirte im Jahr 1543., nach dem Tode der Aebtissin Apollonia von Wallenfels, das Kloster Himmelkron. Im Jahr 1543. secularisirte er die beiden Klöster

Markgraf Albrecht Alcibiades 1527 — 1557.

zu Hof, *) und stiftete aus denselben ein Gymnasium, welches im Jahr 1546. am 14ten Junius feierlich eingeweiht und introducirt wurde und noch eines der besten im Lande ist. **) Im Jahr 1550. secularisirte der Markgraf das Kloster Frauenaurach.

<small>Albrechts kriegerisches und unruhiges Leben.</small> Die übrigen Merkwürdigkeiten von Albrechts Regierung enthalten eine fast ununterbrochene Reihe blutiger Kriege, durch welche er die Beinamen des Kriegers und des Deutschen Alcibiades erlangte. Ohne Krieg war es ihm unmöglich zu leben. Wenn er daher Geld brauchte, so fiel er nur die benachbarten Bisthümer oder Reichsstädte an, die ihm dann gros-

*) Das eine war ein Barfüßer Mönchkloster, von Heinrich von Weida, und, das zweite ein Cistercienserkloster, im Jahr 1348. von Margaretha von Huttenhofen, verwittibte von Weida, des oben angeführten Heinrichs von Weida, Mutter, gestiftet.

**) Mehrere Nachricht von diesem Gymnasio, so wie auch den Stiftungsbrief desselben findet man in des gelehrten Rektors Longolii Höfischen Gymnasium Geschichte. Hof 1743.

se Summen auszahlen mußten. Die Religion opferte er mit Leichtigkeit seinem Vortheile auf, wie die Folge seiner Geschichte zeigen wird. Desto religiöser bezeigte er sich in Reden und Aeußerlichen. Beständig führte er fromme Sprüche in Munde, und ehe er gegen den Feind zog, betete er allezeit folgende Worte:

> Das walt der Herr Jesus Christ,
> Mit dem Vater, der über uns ist;
> Wer stärker ist als dieser Mann,
> Der komm und thu ein Leid mir an.

Auch verfertigte er das Lied: Was mein Gott will, das gescheh allezeit. Aber was sollten fromme Reden und Andachtsübungen, da seine Handlungen von dem Gegentheile zeugten. Er war eine wahre Zuchtruthe für sein Land, denn im Hussiten- und im 30jährigen Kriege wurde es kaum so schrecklich verwüstet, als in seinen so tollkühnen Unruhen. Dennoch war er mehr unruhiger und begieriger Krieger, als wahrer Held und Feldherr.

Ausserdem besaß er viele körperliche Fähigkeiten und einen an Tollkühnheit grenzenden Muth.

Er zieht gegen Frankreich.

Im Jahr 1544. wurde Kaiser Karl V. vom König Franz I. von Frankreich bekriegt und sah sich genöthigt, bei den Deutschen Fürsten Hülfe zu suchen. Er gestand daher den Protestanten alles zu, was sie verlangten und diese zogen ihm daher mit ihrer ganzen Macht zu Hülfe, wobei Markgraf Albrecht ihm allein 2000. Mann zu Pferd zuführte.

Religionskrieg in Deutschland.

Kaum aber hatte der Kaiser mit Hülfe der Protestanten dem König von Frankreich zum Frieden gezwungen, so fing er an, seine Absichten, dieselben zu unterdrücken, und wo möglich die Deutsche Reichsfreiheit völlig zu stürzen, deutlicher und offenbarer zu zeigen. Die Protestanten rückten daher mit einem grossem Heere ins Feld, und nur zwei Fürsten derselben, Herzog Moritz von Sachsen und Markgraf Albrecht Alcibiades, schlugen sich auf die Seite des Kaisers. Dieser erhielt aus Spanien Hülfstruppen unter der Anführung des grausamen Herzogs von Alba, welche durchs Baireuthische zogen, und darinn viele Grausamkeiten ausübten. Zu Wonsiedel jagten sie unter andern die Einwohner aus den Häußern, nahmen mit, was sie fortbringen konnten, schlugen eine Menge Leute todt, und drohten die Stadt wegzubrennen, wenn man ihnen nicht sogleich alles geben würde, was sie verlangten.

Markgraf Albrecht wurde bald darauf am 24ten April 1547. von dem Churfürsten Johann Friedrich bei Rachlitz überfallen, geschlagen und gefangen genommen. Endlich wurde aber das Schicksal der Protestanten durch die Schlacht bei Mühlberg entschieden. Der unglückliche Churfürst Johann Friedrich wurde geschlagen, gefangen und der Churwürde entsetzt, die seinem Vettern, dem Herzoge Moritz, ertheilt wurde. Der Churfürst mußte mit einem geringen Theile seiner ehemaligen Lande und mit dem Herzoglichem Titel vorlieb nehmen, und den Markgrafen Albrecht unentgeldlich befreien.

Nun schritt der Kaiser immer näher zu seinem großen Ziele. Er befahl nun den Protestanten, sich dem Ausspruche des Concilii, das indessen angestellt worden war, unbedingt zu unterwerfen. Den Landgrafen von Hessen und den abgesetzten Churfürsten behielt er in beständiger Gefangenschaft, und fieng nun an, dem ganzen Deutschen Reiche Gesetze vorzuschreiben. Eine auf seinen Befehl aufgesetzte Religionsmeinung, die unter dem Namen des Interims bekannt ist, drang er sowohl den Protestanten als Katholiken mit Gewalt auf, und ließ viele Stände mit den Waffen zur Annahme derselben zwingen.

Diesen gefährlichen Entwürfen sah aber der neue Churfürst Moritz nicht so gleichgültig zu, als der Kaiser glaubte. Seine Absicht, die Sächs. Churwürde zu erhalten, war erreicht, und nun band ihn nichts mehr an die Kaiserliche Parthei. Indem er Carln auf eine listige Weise in allen beipflichtete, machte er heimliche Kriegszurüstungen, und fand an dem Markgrafen Albrecht einen thätigen Bundes-Genossen. Plötzlich erklärte er dem Kaiser im Jahr 1552. den Krieg, begab sich sogleich am 18. März mit einem Heere von 20000. Mann zu Fuß und 5000. zu Pferde auf den Marsch, vereinigte sich bei Dünkelspühl mit Albrechten, eroberte Rotenburg, Nördlingen, Donauwerth und Augsburg, und rückte nun mit beschleunigten Märschen geradezu nach Inspruck, wo sich der Kaiser so eben aufhielt. Daselbst kam er am 22ten Mai an, da der Kaiser die Stadt erst vor wenigen Stunden verlassen und sich nach Villach in Kärnthen geflüchtet hatte.

Carl sah sich nun von allen Seiten bedrängt. Auf der einen Seite von einem, eben so thätigen als kühnen Fürsten, wie Moritz, auf der andern vom

Friede zu Passau 1552.

Könige Heinrich II. von Frankreich angegriffen; ohne Truppen, ohne Geld, und noch darzu von den Schmerzen des Podagra gefoltert, sah er sich in einer äußerst traurigen und bedrängten Lage. Dazu kam noch die Noth seines Bruders Ferdinands in Ungarn, der die Deutschen Fürsten laut gegen die immer weiter vorrückenden Türken um Hülfe anflehte. Carls stolzer Geist sah sich daher genöthigt, diesmal nachzugeben, und die Protestanten erhielten durch den Vertrag zu Passau am 2. August 1552. und bald darauf durch den Augsburger Religionsfrieden am 25ten September 1555. völlige Religionsfreiheit und alle Rechte ihrer Religion, wie die Katholiken.

Albrechts Unternehmungen indessen

Indessen Moritz dem Kaiser auf den Hals gezogen war, belagerte Albrecht mit einem Corps von 8000. Mann liederlichen Gesindels die Stadt Ulm, mußte aber von derselben wieder abziehen. Er hauste, wo er hinkam wie ein Barbar, und drückte katholische und protestantische Stände mit gleicher Unmenschlichkeit. Sein aus allen Zuchthäusern zusammengelaufenes, dem Galgen und Rade entronnenes, an keine Ordnung und militärische Disciplin gewöhntes Gesindel, hauste wie eine Räuber- und Mordbrennerbande überall, wo es hinkam. Der Markgraf wandte sich nun von Schwaben aus nach Franken, eroberte am 4ten Mai das Nürnberger Schloß Lichtenau, und ließ es schleifen, und plünderte und brannte sodann die Hälfte des Nürnbergischen Gebietes aus. Die Stadt Nürnberg selbst mußte ihm 219833. fl. ausbezahlen, und 400. Centner Pulver liefern. Am 19ten Mai mußte ihm der Bischoff Weigand von Bamberg 350000. fl. und am 21. Mai der Bischoff Melchior von Würzburg 200000. fl. auszahlen, damit er ihre Lande von der Plünderung verschonte. Der Bischoff von Bamberg mußte ihm noch obendrein 20. Städte und Aemter abtreten. Nun rückte er nochmals vor

Ulm, mußte aber zum zweitenmal abziehen. Von da rückte er ins Erzstift Mainz, und brannte alles aus, eroberte und besetzte hierauf die Städte Worms und Speier, verjagte die dasigen Bischöffe und rückte vor Frankfurt.

<small>Er setzt den Krieg fort</small> Er war noch in der Belagerung dieser Stadt begriffen, als die Nachricht von dem Frieden zu Passau ankam. Er war aber so tollkühn, den Krieg allein fortzusetzen, weil er sich beim Rauben und Plündern sehr wohl befand. Er setzte daher die Belagerung von Frankfurth eifrig fort, muste sie aber bald wieder aufheben. Er fiel sodann ins Triersche ein, eroberte die Stadt Trier und blieb 8. Tage daselbst. Nachdem er hier alles ausgerdumt hatte, durchzog er Lothringen, fiel ins Herzogthum Luxenburg ein, und verbreitete Furcht und Schrecken überall vor sich her.

Indessen rückte auch der Kaiser mit seinem Heere in Lothringen gegen die Fran-

Franzosen zu Felde, und belagerte Metz. Beide Theile suchten Albrechten zu gewinnen, und ließen ihm viele Vortheile anbieten. Endlich schlug er sich auf die Seite des Kaisers, griff den Herzog von Aumale am 4ten November bei Pont a Mousen plötzlich an, schlug ihn, und machte ihn selbst nebst vielen Franzosen zu Gefangenen. Er zog hierauf in Triumpf in Carls Lager, welcher ihn zur Belohnung alles verzieh, und den Vergleich mit Bamberg wegen Abtretung der 20. Städte und Aemter bestätigte.

Wäre Albrecht nun ruhig geblieben, so hätte er sein bald erfolgtes Unglück noch verhindern können. Er setzte aber seine Räubereien fort, nahm einige tausend von Carln verabschiedete Soldaten an, und fiel die beiden Bischöffe aufs neue an, weil sie sich weigerten, die mit ihm geschlossenen Verträge zu halten. Am 16ten April 1553. rückte er in Bamberg ein, und belagerte sodann Forchheim, wohin sich der Bischoff mit dem Domca-

Seine Grausamkeit

pitel geflüchtet hatte. Da er aber mit großem Verluste zurückgeschlagen wurde, so rückte er vor Kunreut, eroberte es, und ließ in der Wuth den Pfarrer und 40, Landleute aufhängen, die sich ihm nicht im Geringsten widersetzt hatten. Diese unmenschliche That bezeugt ein bewährter Schriftsteller, Sleidan Libr. XXV. p. m. 431. Von da rückte er nach Schweinfurth, und besetzte diese Stadt.

Bündniß gegen ihn. Da nun niemand mehr vor seinen räuberischen Anfällen sicher war, so schlossen, am 2ten Mai dieses Jahres, der König Ferdinand, Churfürst Moritz, Würtenberg, Hessen, Braunschweig, Bamberg, Würzburg, Eichstätt, Henneberg, Nürnberg, Rothenburg, Schweinfurth und Windsheim ein Bündniß, ihn mit Gewalt zur Ruhe zu verweisen.

Ferdinand ließ sogleich 400. Reuter, zur Beschützung ins Eichstädtische rücken, die der Markgraf aber bei Berchingen überfiel, gefangen nahm und entwaffnete. Er fiel nun ins Nürnbergische Gebiet ein, und eroberte Lauff und Altorf. Bei diesen zwei Orten verläugnete er seine Menschheit völlig. Er ließ erst viele Landleute und Vieh hineintreiben, sodann die Thore sperren und die Orte anzünden. Wer heraus wollte, wurde auf seinem Befehl von den Soldaten niedergestochen und so mußten viele Leute elendiglich verbrennen. (teste Sleidano lib: XXV. p. m 421.)

Nun rückte das verbündete Heer unter der Anführung des Prinzen Philipps von Braunschweig nach Franken, der Markgraf aber fiel in Thüringen ein, verheerte alles, eroberte und besetzte hierauf Halberstadt, und machte dann dem Herzoge von Braunschweig eine Diversion in seinen Landen. Die alliirte Armee folgte ihm dahin unter der Anführung des Churfürsten Moritz. Am 9ten Julius 1553. kam es zwischen beiden Heeren beim Dorfe Sivershausen in Lüneburgischen zu einer blutigen und entscheidenden Schlacht.

Schlacht bei Sievershausen

Albrecht mußte der Ueberlegenheit seiner
Feinde weichen, und das Schlachtfeld
mit Verluste von 4000. Mann und Hin-
terlassung alles Geschützes, Kriegsvor-
raths und Gepäckes, verlassen. Aber
auch den Alliirten kam dieser Sieg theuer
zu stehen. Unter einigen tausend Todten
befanden sich die beiden Söhne des Herzogs Heinrich von Braunschweig, Carl
und Philipp; der Sohn des Herzogs
Ernst von Lüneburg, Ferdinand; vier-
zehn Grafen und über 300. Edelleute.
Churfürst Moritz wurde selbst durch einen Pistolenschuß tödtlich in den Rücken
verwundet, und gab zwei Tage nach der
Schlacht im 32. Jahre seines ruhmvollen Lebens den Geist auf.

Schlacht bei Braun-schweig.   Der Markgraf zog sich hierauf nach
Hannover zurück, sammelte bald ein neues
Corps von 15000. Abentheurern, und
rückte wieder hervor. Der Herzog Heinrich von Braunschweig übernahm nun
das Commando des verbündeten Heeres,
und rückte mit einer gränzenlosen Wuth

gegen den Markgraf an. Er war über den Verlust seiner beiden Söhne in dem Treffen zu Sievershausen so erbittert, daß er dem Markgrafen sagen ließ: wenn er ihn gefangen bekäme, wolle er ihn an den ersten besten Baum aufhängen lassen. Am 12. September kam es bei Braunschweig zu einem zweiten blutigen Treffen, in welchem der Markgraf wieder total geschlagen wurde, und sich in die Stadt Braunschweig werfen mußte.

Indessen fielen die Bischöflichen und Nürnbergischen Truppen ins Baireuthische ein, und verheerten alles mit Feuer und Schwerdt. Am 15ten Mai eroberten sie Cunreut wieder und hieben die Markgräfliche Besatzung nieder. Am 20. plünderten sie Frauenaurach und brannten es weg. Am 22ten plünderten und verbrannten sie Baiersdorf, Atzelsberg und Erlangen; am 24ten Osternohe; am 25. Hoheneck und Ipsheim, und am 4ten Junius Markbergel, Burgbernheim, Ottenhofen und Westheim. Am 9ten Ju-

Verheerung des Landes des Markgrafen

nius rückten sie vor Neustadt an der Aisch, eroberten diese Stadt, und brannten sie von Grund aus weg. Am 10ten Junius plünderten und verbrannten sie Embskirchen, und am 14ten Pirkenfeld, Schauerheim, Dotternheim, Altheim, und alle umliegende Orte. Nun rückten sie auch ins Oberland, eroberten und ruinirten Streitberg und belagerten einige Tage hierauf die Stadt Culmbach und Plassenburg, mußten aber davon wieder abziehen.

Hierauf schickte König Ferdinand seinen Kriegsobersten, Heinrich Reuß von Plauen, ins Voigtland, welcher Hof, nach einer zweimonatlichen Belagerung und nach tapfrer Gegenwehr der Bürger, zu Michaelis eroberte. *) Er brannte nun die ganze umliegende Gegend und alle Orte bis Culmbach weg, welche

---

*) Mehrere Nachricht von dieser Belagerung findet man in Herrn Consistorialrath Kapps zu Baireuth beiden lateinischen Programmen von derselben.

Stadt er aber vergebens belagerte, und daher vor Baireuth rückte.

Er verjagt seine Feinde wieder daraus, Nun bekam aber der Markgraf zu Braunschweig von der Verheerung seiner Lande, Nachricht. Er eilte daher durch Sachsen dahin, und eroberte sogleich Lichtenberg wieder. Hierauf überfiel er Hof, und eroberte es wegen der Nachläßigkeit der Besatzung. Er eilte nun nach Baireuth, worauf der Reuß von Plauen die Belagerung dieser Stadt sogleich aufhob und sich zurückzog. In weniger als acht Tagen hatte er fast sein ganzes Land wieder erobert. Da aber der Herzog von Braunschweig gegen ihn anrückte, so zog er sich nach Schweinfurth zurück, nachdem er zuvor den Herzog von Aumale gegen Erlegung von 60000. fl. losgelassen hatte.

muß aber wieder aus denselben weichen. Nun hatten seine Feinde völlig freie Hand, seine unglücklichen Lande zu verheeren. Am 16ten November wurden Baireuth und Lichtenberg wieder erobert, gerlindert und durch Feuer sehr beschädigt. Am 28: November wurde die Belagerung von Plassenburg wieder eröffnet, und am eben diesen Tage ergab sich Hof wieder auf Accord.

Er wird in die Acht erklärt.

Indessen bot man dem unruhigen Markgrafen einige Male den Vergleich an, daß er die Waffen niederlegen und den Vertrag mit Bamberg für ungültig erklären, dagegen aber in alle seine Erblande wieder eingesetzt werden sollte. Da er aber in nichts zum Nachgeben zu bewegen war, so wurde er am 1. Decemb. 1553. in die Reichsacht und Aberacht erklärt. Er kümmerte sich aber wenig darum, und sagte zu seinen Leuten: Acht und aber Acht ist 16., die wollen wir fröhlich mit einander vertrinken: Je mehr Feind, je mehr Glück.

Im folgenden Jahre eroberten die Nürnberger am 16ten Februar Neustadt an Culm. Am 8ten April eroberten sie das Schloß Hohenlandsberg, welches sich fast ein ganzes Jahr lang gehalten hatte. Sie ließen es wegbrennen und schleifen.

Obgleich der Markgraf bereits vom Kammergerichte in die Acht erklärt worden war, so wurde ihm doch nochmals ein Vergleich angeboten, und eine Zusammenkunft zu Rothenburg angestellt. Da er sich aber gar nicht fügen wollte, so bestätigte der Kaiser am 4ten Mai die vom Kammergerichte über ihn verhängte Acht

Der Markgraf wurde nun vom Herzoge von Braunschweig immer enger in Schweinfurth eingeschlossen. Am 12. Junius machte er sich daher in größter Stille mit allen Kanonen auf und zog unbemerkt aus der Stadt. Erst bei Tages Anbruch merkte der Herzog, daß ihm der Vogel entwischt sey. Er eilte ihm sogleich nach, und da der Markgraf wegen des schweren Geschützes sehr langsam ziehen mußte, so hohlte er ihn und völlig aus Deutschland gejagt.

bei einem Walde am Eulenberge beim Kloster Schwarzach ein. Albrecht stellte sich gleich in Schlachtordnung, mußte aber mit Verlust von 200. Todten und alles seines Gepäckes und Geschützes weichen, und rettete sich selbst nur mit wenigen Begleitern über den Main nach Kitzingen. Er machte hierauf noch einige Versuche, in Schlesien und Mähren Unruhen anzuspinnen, aber vergebens. Er entfloh daher nach Frankreich, wo man ihm eine jährliche Pension von 12000. Dukaten aussetzte, um ihn, wenn sich eine Gelegenheit zeigen sollte, zum Rauben und Plündern brauchen zu können.

Gänzliche Verheerung seines Landes. Sein unglückliches Land wurde nun in kurzer Zeit völlig erobert und ganz ruinirt. Die Festung Plassenburg ergab sich an 28ten Junius und wurde ganz demolirt und geschleift. Die Stadt Culmbach hatten die Bürger selbst völlig weggebrannt, um den Belagerern keinen Aufenthalt darinn zu verstatten.

Das platte Land wurde nun ganz verwüstet. Fast alle Orte wurden der verzehrenden Wuth des Feuers geopfert, alle Schlösser und feste Orte geschleift, viele Einwohner ermordet, und die übrigen an den Bettelstab gebracht. Die Stadt Wonsiedel wurde so runirt, daß sich der Superintendent daselbst, Michael Evander, nicht ernähren konnte, ob er gleich der einzige Geistliche daselbst war, sondern noch die Pfarre Kirchenlamitz darzu bekommen muste. So sah es im ganzen Lande aus.

Im Jahr 1555. schickte der Markgraf von Frankreich aus vier Abgeordnete, Hannsen von Wallenfels Wolff Christophen von Redwitz, Friedrichen von Lentersheim und Christoph Straßner nach Deutschland und bat, man möchte seine Sache nochmals vornehmen. Er wurde auf dem Reichstag, der im Jahr 1557. zu Regensburg gehalten werden sollte, verwiesen, und erhielt sicheres Geleite dahin. Er machte sich daher auf

Markgraf Albrecht stirbt 1557.

den Weg, starb aber unter Weges am 8. Januar 1557. zu Pforzheim, bei seinem Schwager, dem Markgrafen Carl II. von Baaden, und wurde am 10. Januar in dasiger St. Michaeliskirche mit Fürstlichen Ehrenbezeigungen begraben. Da er nie vermählt gewesen war, so fiel sein Land an seinen Vetter Georg Friedrich von Anspach. *)

*) Ueber Albrechts Regierung u. seine vielen geführ. Kriege siehe: Robertsons Geschichte der Regier. Carls V. Sleidani l. c. Groß Brand. Kriegsgeschichte. Winzeri hist. pugnae, qua Elector Mauritius obiit, Flessa de bellis Alberti iunioris, Layritz diss. de Alberto iuniore, Longolii diss. de Alberto iun. Falkenstein l. c. Hartleber Beschreibung des Schmalkaldischen Kriegs, Ludwig ab Avila de bello Germ. a Carolo V. Caesare gesto. Boecler diss. de bello Imper. Carolo V. a Mauritio Saxonico illato. Thuan hist. sui temporis, Rentsch l. c. Renschel Brand. Stammbaum, Köhlers, Münzbelustigungen, und viele a. m. Alle seine mit Bamberg, Würzburg u. a. geschlossene Verträge, seine Achtserklärung u. s. w. siehe in Lünigs Reichs - Archiv part. spec. III. von Brandenburg p. 42. 43. 56. u. s. w.

Sechzehnter Abschnitt.

Regierung des Markgrafen Georg Friedrich. 1543 — 1603.

Markgraf Georg Friedrich war der einzige Sohn Georg des Frommen, gebohren am 5ten April 1539. Schon im 4ten Jahre seines Alters wurde er seines Vaters beraubt, und würde unter seinem Vormund, dem Markgrafen Albrecht, ganz verwahrlost worden sein, hätte ihn nicht seine Mutter Aemilia sehr sorgfältig erziehen und unterrichten lassen. Im Jahr 1555. am 6ten März unterschrieb er mit die Erbverbrüderung zwischen Sachsen, Brandenburg und Hessen, und im Jahr 1557. trat er nach verlangter Volljährigkeit die Regierung des Fürstenthums Anspach an.

Georg Friedrich 1543 — 1603.

Da nun in eben diesem Jahre sein Vetter Albrecht starb, so hätte er auch

erbt auch Baireuth und vergleicht sich mit den Bundesständen.

das Fürstenthum Baireuth sogleich erben sollen, aber die Bundesstände hatten es noch im Besitz. Er suchte daher bei dem Reichstage zu Regensburg um die Einräumung desselben an, und erhielt sie. Zugleich klagte er laut über die Bischöffe von Bamberg und Würzburg und die Stadt Nürnberg wegen der gänzlichen Verwüstung des obergebürgischen Fürstenthums. Sie waren zwar zur Vollstreckung der über Albrechten verhängten Acht mit beordert worden, aber dadurch auf keine Weise zu einer so schrecklichen Verheerung seines Landes berechtigt gewesen. Man fand des Markgrafen Klagen gerecht und Bamberg, Würzburg und Nürnberg zahlten ihm 175000. fl. und der Kaiser Ferdinand selbst 82000. fl. aus, eine schlechte Entschädigung für den unersetzbaren erlittenen Schaden. *)

Verdienste um seine Lande

Markgraf Georg Friedrich suchte nun den verarmten Einwohnern durch alle mögliche Unterstützung wieder aufzuhelfen.

*) Groß Brand. Regentenhist. p. 373.

Die Festung Plassenburg, und die andern geschleiften Festungen wurden von ihm wieder aufgebaut, und die Unterthanen mit Geld und Erleichterungen der Abgaben unterstützt. Künste und Wissenschaften wurden von ihm begünstigt und durch weise Gesetze blühend gemacht. Verschiedene Orte wurden von ihm angekauft, und seine Rechte standhaft gegen alle Angriffe vertheidigt.

Im Jahr 1559. am 11. August verglich er sich mit Bamberg, welches ihm das bisher noch bestrittene Recht des Mitausschreibenden Amtes in Franken zugestehen mußte *) Im J. 1562. stiftete er das Hospital zu Anspach, und im folgenden Jahre secularisirte er das St. Gumbrechtsstift daselbst. Im Jahr 1567. verordnete er zu Baireuth und zu Anspach ein besonderes Consistorium und Ehegericht, und befahl, daß jährliche Synodos gehalten werden sollten. Er

---

*) Vertrag in Lünigs Reichsarchiv part. spec. S. IV. von Brandenburg p. 312.

theilte auch im Jahr 1578. die Pfarren in gewiſſe Capitel, die Baireuther nehmlich in Superintenduren und die Anſpacher in Dekanate ein, welche beide Benennungen aber gleichviel ſagen. *) Ums Jahr 1580. kaufte er von der Familie Stern von Sternſtein das Amt Röckingen. **) Im Jahr 1581. ſecularifirte er das Kloſter Hailsbronn und ſtiftete daſelbſt ein Gymnaſium, worinn hundert Schüler in allen unentgeldlich erhalten wurden. ***) Im Jahr 1587. ſchickte er einen Abgeordneten nach Naumburg, und ließ die Beſtätigungs-Acte der Erbverbrüderung zwiſchen Sachſen, Brandenburg und Heſſen mit unterſchreiben. In eben dieſem Jahre ließ er die Feſtung Wilzburg erbauen. Im nehmlichen Jahre ließ er ſich zu Anſpach ein Reſidenzſchloß und im Jahr 1594. eine Canzlei daſelbſt

---

*) Groß Brand. Relig. Geſch. Cap. 22.

**) Groß Brand. Regentenhiſt. p. 381.

***) Den Stiftungs-Brief d. d. den 19. Julius 1581. ſiehe in Höckers Hailsbronner Antiquitätenſchatz p. 16. ꝛc.

daselbst erbauen. Im Jahr 1597. kauf‐
te er von denen von Heßberg das Amt
Ampffrach, und im folgendem Jahre er‐
kaufte er Triesdorf von Wolf Balthasar
von Seckendorf. *)

Aber nicht nur um seine, sondern auch und andere
um andere Lande, machte er sich verdient. Lande.
Im Jahr 1577. wurde ihm wegen der
Verstandes Schwäche des Herzogs Al‐
brecht Friedrich von Preußen, als näch‐
sten Anverwandten, vom König Ste‐
phan Bathori von Pohlen, die Regie‐
rung dieses Herzogthums aufgetragen, und
er am 27. Februar 1578. von diesem Kö‐
nige öffentlich zum Statthalter desselben
ernannt. Er muste sodann nach Preus‐
sen, nahm am 21. May die Huldigung
ein, und erwarb sich während seines 7.
jährigen Aufenthalts daselbst viele Ver‐
dienste um dies Land.

*) Stiebers Hist. Topogr. Nachr. v. Fürst. An‐
spach P. 199. und 821.

Q

Er macht sein Testament und stirbt 1603.

Markgraf Georg Friedrich war zweimal vermählt gewesen. Seine erste Gemahlin war Elisabeth, des Markgrafen Johann von Cüstrin, Tochter. Nach dem Tode derselben am 8. März 1578. vermählte er sich zum zweitenmal am 3. März 1579. mit Sophia, Herzog Wilhelms von Lüneburg Tochter, die aber erst nach ihm am 14. Januar 1639. starb. Da er nun mit beiden keine Kinder erzeugte, so schenkte er schon im Jahr 1595. das Herzogthum Jägerndorf dem Churfürsten Joachim Friedrich von Brandenburg. Im Jahr 1598. errichtete er mit Zuziehung dieses Churfürsten die berühmte Erbverordnung zu Gera. In derselben wurde

1) Albrecht des Deutschen Achilles Testament bestätigt.

2) Ausgemacht, daß nach seinem Tode des Churfürsten beide Brüder, Christian und Joachim Ernst, in Franken succediren sollten.

3) Daß alle Churlande beständig und ohne Theilung bei der Primogenitur bleiben sollten, und

4) daß in Franken nie mehr als zwei Fürsten regieren sollten.

Das übrige waren fromme Ermahnungen an seine künftigen Erben.

Dieses Testament wurde im folgenden Jahre am 29. April zu Magdeburg völlig abgeschlossen, und nach dem bald darauf erfolgten Tode des Markgrafen Georg Friedrich am 26. April 1603. würklich vollzogen. *)

*) siehe Gründliche Nachricht v. Kreisausschreibenden Amt in Franken, p. 77. seq. e. a.

Siebzehnter Abschnitt.

Geschichte des Fürstenthums Baireuth unter der Regierung der Markgrafen jüngerer Linie. 1603 — 1769.

***

Markgraf Christian 1603 — 1655.

Markgraf Christian war gebohren zu Cölln an der Spree am 30sten Januar 1581. Sein Vater war der Churfürst Johann Georg von Brandenburg, und seine Mutter, dessen dritte Gemahlin Elisabeth, Joachim Ernsts, Fürsten von Anhalt Tochter. Er trat im Jahr 1603. die Regierung des Fürstenthums Baireuth an. Er verlegte die Residenz von der Festung Plassenburg nach Baireuth, und bestimmte diese Stadt zum Sitz der hohen Landes-Collegien. Sie hatte unter seiner Regierung zweimal, im Jahr 1605. am 21. März und 1621. am 16. Juni das Unglück, fast ganz wegzubrennen; *) er half ihr aber immer wieder auf. Er ließ auch im Jahr 1604. zu Baiersdorf ein Schloß erbauen, wo er öfters residirte. Im Jahr 1606. ließ er die hohe Pasten zu Plassenburg erbauen, und Christiani benennen. In eben diesem Jahre wurde er auf dem Nürnbergischen Kreisconvente zum Kreis-Obristen ernannt. Im folgenden Jahre kaufte er das Dorf Heinersreuth von Georg Wilhelm von Cappel, und ließ daselbst eine sehr einträgliche Haushaltungs-Verwaltung errichten. **) Im Jahr 1614. begab er sich nach Naumburg, wo die Erbverbrüderung zwischen Sachsen-Brandenburg und Hessen aufs neue bestätigt wurde. Im Jahr 1617. feierte in seinen Landen das Jubiläum der Evangelischen Religion.

Im Jahr 1618. brachen die Unruhen in Böhmen zu einem 30jährigen al- *30jähriger Krieg*

---

*) Fickenscher de fatis Baruthi.

**) siehe Strus de Allod. Imper. et a.

les verwüstenden Kriege aus, der auch
unsere Lande schrecklich verheerte und ent-
völkerte. *)

Die Böhmen wurden am 8ten November 1619. auf dem weißen Berge bei
Prag von dem Kaiserlichen Heere geschlagen, und mit dieser Schlacht giengen
alle ihre politischen Freiheiten und Rechte
sowohl, als auch ihre Religionsfreiheit
verlohren. Sie wurden von dem Kaiser Ferdinand II. grausam bestraft, und
ihr gegen ihn erwählter König, der Churfürst Friedrich V. von der Pfalz, wurde
nebst seinen Bundes-Genossen, unter

*) Siehe hierüber Puffendorfs Schwedisch Deutsche
Kriegsgeschichte. Groß Brand. Kriegsgeschich-
te. Khevenhüllers Annales Ferdinandei. Groß
Brand. Regentenhistorie p. 394. e. a. Stie-
bers Histor. topogr. Nachr. von Fürst. Anspach.
eines Anonymi succincta Circuli Franc. De-
scriptio 1704. Falkenstein l. c. Rentsch l. c.
Rentschel l. c. Groß Evangelischer Jubelprie-
ster. Reinhards Brand. Historie p. 208. ec.
Merian Topograph. Franc. Kemnitz vom
Schwedischen Krieg P. II. L. II. p. 525. e. a.
Fickenscher de fatis Baruthl. Schütz ausführl.
Beschreibung der Stadt Anspach. Georgi Uf-
fenheimische Nebenstunden und viele andere
Beschr. von einzelnen Orten mehr.

welchen sich auch des Churfürsten Joachim Friedrichs von Brandenburg Sohn, Johann Georg, Herzog von Jägerndorf, befand, in die Acht erklärt, und von Land und Leuten gejagt. Die Union der Protestanten zerschlug sich aus Furcht vor dem Kaiser gänzlich, und dieser fieng nun an, den Protestanten und dem ganzen Deutschen Reiche Gesetze vorzuschreiben. Der König von Dännemark Christian IV. bewaffnete sich zwar für die Deutsche Freiheit gegen den Kaiser, aber seine Hoffnungen giengen mit der Schlacht bei Lutter am Barenberge im Jahr 1626. verlohren. Er muste bald darauf im Jahr 1629. einen für ihn nicht ehrenvollen Frieden zu Lübeck eingehen und versprechen, sich nie mehr in die Deutschen Reichs-Angelegenheiten zu mischen.

Dieser neue Triumph trieb den Stolz und die Herrschbegierde des Kaisers auf den äußersten Grad. Er unterdrückte nun die Protestantischen Stände in Deutschland öffentlich, und machte die verbotensten Eingriffe in die Gesetze des Deutschen Reichs. Durch das bekannte Restitutions-Edict im Jahr 1629. befahl er den Protestantischen Ständen, alle von ihnen der Katholischen Kirche entzogenen geistliche Güter wieder herauszugeben, oder er würde sie mit Gewalt dazu zwingen. In seinen Ländern rottete er den Protestantischen Glauben durch die grausamsten Mittel aus. In Böhmen wurde eine besondere Reformations-Commißion niedergesetzt, die alle wider den Katholicismus laufende Meinungen mit der größten Strenge auszurotten Befehl hatte. Diese jagte unter andern auch die protestantischen Prediger zu Redwitz fort und wollte die Einwohner durch dahin bestellte Jesuiten bekehren lassen, welches ihnen aber nicht gelang. Seinem Feldherrn, Tilly, gab der Kaiser, zur Belohnung der ihm geleisteten Dienste, einstweilen das Fürstenthum Calenberg zum Unterpfande. Wieder alle Rechte der Fürsten, alle Gesetze des Deutschen Reichs, verjagte er die Herzoge von Mecklenburg aus ihren Landen, und belehnte einen blosen Edelmann, Albrechten von Wallenstein, welchen er zur Belohnung seiner Kriegsdienste zum Herzog von Friedland erhoben hatte, mit diesem großen Herzogthume.

Endlich aber erwachte der Schutzgeist der Deutschen Freiheit und sandte ihr einen Retter in dem großen Könige Gustav Adolph von Schweden zu. Im Jahr 1630. rückte dieser Held in Pommern ein, eroberte in kurzen dieses Land, zwang den Churfürsten von Brandenburg zum Vergleiche und drang in Sachsen ein. Tilly rückte ihm nach der Eroberung von Magdeburg entgegen, und bei Leipzig kam es am 7ten September 1631. zu einer blutigen und entscheidenden Schlacht. Nach einem wüthenden Kampfe mußte der Kaiserliche General dem Könige den Sieg und mit diesem seinen alten Ruhm überlassen.

Nun breitete sich Gustav Adolph im

mer weiter in Deutschland aus. Nach der Eroberung von Leipzig rückte er aus Sachsen nach Franken. Mit dem Markgrafen Christian schloß er daselbst ein Bündniß, in welchem sie einander beizustehen versprachen. Christian versprach noch darzu, dem Könige, wenn es nöthig wäre, seine Festungen zu öffnen, dieser aber, ohne des Markgrafen Beistimmung keinen Frieden zu schließen. Gustav Adolph kam mit seinem Heere selbst nach Neustadt an der Aisch und logirte daselbst 3. Tage im Fürstlichen Schlosse. Er zog hierauf weiter gegen den Rhein und ließ den Feldmarschall Horn in Franken zurück, der in Schwaben eindrang und Heilbronn belagerte.

Diesem rückte nun Tilly entgegen, um Heilbronn zu entsetzen. Er nahm seinen Weg durch Anspach, in welcher Stadt seine Soldaten viele Ausschweifungen begiengen. Sie plünderten sogar die Fürstliche Grabstätte, und beraubten den Leichnam des verstorbenen Markgrafen Joachim Ernſts des diamantenen Ordens-Kreuzes. Einige Corps plünderten am 30ten October Burgbernheim und Markt Bergel aus, und tractirten die Leute unmenſchlich. Da ſich nun Tilly vergebens bemühte, Heilbronn zu entſetzen, ſo zog er ſich wieder ins Anſpachiſche zurück und erzwang durch Drohungen die Einräumung der Feſtung Wilzburg, in welche er 300. Mann zur Beſatzung legte.

Im folgenden Jahre zog ſich Tilly, auf Annäherung des Königs, nach Baiern, wohin ihn derſelbe nach einer vergeblichen Aufforderung der Feſtung Wilzburg folgte. Ohnweit Ingolſtadt machte der König Anſtalten, über dem Lech zu ſetzen. Es kam zu einem hitzigen Gefechte, in welchem Tilly tödlich verwundet wurde und bald darauf ſtarb. Der König verheerte nun ganz Baiern, und zog ſich darauf wieder nach Franken zurück.

Daſelbſt hatte indeſſen der Markgraf Chriſtian die Belagerung der Feſtung

Cronach unternommen, mußte aber auf die Annäherung eines starken Kaiserlichen Corps aus der Oberpfalz dieselbe wieder aufheben. Dieses überfiel ein kleines Schwedisches Detaschement bei Pegnitz, eroberte und plünderte diesen Ort, und bedrohete Baireuth. Ein Trupp Croaten plünderte und verbrannte Helmbrechts und ein anderer Creußen, an welchem letztern Orte sie besonders viele Unmenschlichkeiten ausübten. Ein anderes Corps Freibeuter fiel ins Unterland, brannte Muggendorf, Feltendorf und die umliegenden Orte weg, und hauste entsetzlich. Am 8ten Julius kam ein Haufe Croaten vor Neustadt an der Aisch, und versprach, sich ganz ruhig zu verhalten, wenn man ihn einlassen, und einige Erfrischungen reichen würde. Kaum aber hatte man die Thore geöffnet, so hieben sie die Bürgerwache nieder, sprengten durch alle Straßen und massacrirten, was ihnen im Weg kam. Hierauf plünderten sie alle Häuser rein aus, und begiengen dabei die abscheulichsten Grausamkeiten und Schandthaten. Viele Frauenspersonen schändeten sie zu Tode; andre spiesten sie, nach Befriedigung ihrer schändlichen Begierden, mit den Piken auf die Erde, oder hieben sie in Stücke; andern schnitten sie Nasen und Ohren weg. Der Gemahlin des Doctor Leuchsners, welche zwei Ringe an den Fingern hatte, schnitten sie, weil sie dieselben nicht geschwinde genug herabbringen konnte, die Finger gar weg. Ueber 400. Personen kamen bei dieser unglücklichen Plünderung um, und die Hälfte der Stadt gieng in Rauch auf. Von Neustadt wandten sich die Unmenschen weiter in der Gegend, und plünderten und brannten Markt Bergel, Burgbernheim, Ottenhofen, Westheim und alle umliegende Orte weg. Die Kaiserliche Besatzung zu Forchheim belagerte sodann Prichsenstadt. Da sich nun die Einwohner rasend vertheidigten, und über 100. Kaiserliche vor ihren Mauern blieben, so wurde auch das Städtchen, nachdem es mit Sturm war erobert wor-

den, geplündert und weggebrannt, und
70. von den Einwohnern nieder gemacht.

Nun rückte aber Gustav Adolph mit
seinem Heere ins Anspachische und Baireuthische, und verjagte dadurch sogleich
alle kleine streifende Corps. Der König
lagerte sich bei Fürth, und Wallenstein,
der nun Generalissimus über das ganze
Kaiserliche Heer geworden war, rückte
ihm entgegen und besetzte die Stadt
Schwabach. Nach einer vergeblichen
Bestürmung von Wallensteins Lager zog
sich Gustav Adolph über Neustadt zurück,
und rückte bald darauf an die Donau;
Wallenstein aber zog nach Sachsen. Er
nahm seinem Weg durchs Baireuthische
und hauste sehr mit sengen und brennen.
In der Stadt Baireuth ließ er viele
Einwohner niederhauen, und forderte
10000. Thaler Brandschatzung. Da
man aber nicht mehr als 3000. aufbringen konnte, nahm er viele angesehene
Bürger, und unter andern auch den Superintendenten, D. Johann Stumpf, als

Geisel mit fort, ließ denselben vom Profoßen mit Ketten belegen, und so unmenschlich behandeln, daß er bald darauf starb. Von Culmbach muste er nach einer kurzen Belagerung wieder abziehen. Er verheerte daher alle umliegende Orte und marschirte sodann nach Sachsen. Bald darauf folgte ihm auch Gustav Adolph dahin nach, und starb in der Schlacht bei Lützen den Heldentod.

Auch im folgenden Jahre musten unsere Lande ausserordentlich viel ausstehen. Die Stadt Hof wurde von den Croaten über 30mal ausgeplündert, und dabei mehr als tausend Menschen getödet. Ein gleiches Schicksal hatte die Stadt Wonsiedel. Baireuth muste dem Obristen von Manteufel 1500. Thaler Brandschazzung erlegen, und von Förchheim aus machten die Kaiserlichen häufige Streifereien, und plünderten und brannten auf dem platten Lande alles weg. Die Hauptarmeen standen meistens in Schwaben gegeneinander.

Im folgenden Jahre fiel der Croaten Obrist Corpitz im Monat März ins Voigtland ein, und brannte Lichtenberg, Thierbach, Steeben, Naila, Ißigau, Geroldsgrün und die ganze umliegende Gegend weg. Eine andere streifende Parthei fiel aus den Bambergischen ins Unterland, und plünderte und verbrannte Lenkersheim, Ipsheim, Kaubenheim, Weimersheim, Beroltzheim und andere Orte. Herzog Bernhard rückte nun ins Bambergische und belagerte die Festung Kronach. Indessen fiel der General von der Wahle mit 6000. Reutern ins Baireuthische ein, und verwüstete alles so schrecklich, daß sich der Herzog aus Mangel an Lebensmitteln genöthigt sah, die Belagerung aufzuheben. Er rückte aber bald darauf wieder ins Bambergische und belagerte Forchheim, mußte aber wieder abziehen, worauf er sich nach Schwaben zog. Nach seinem Abzuge fiel der Commendant von Forchheim, der Obrist Schlez, ins Unterland ein, plünderte alles aus, und brannte Baiersdorf, Erlang, Frauenaurach,

aurach, Uttenreuth und die ganze umliegende Gegend weg, zog sodann nach Neustadt, und brannte diese Stadt und fast alle Orte im Aischgrunde aus. Der General von der Wahle fiel noch einmal ins Oberland ein, nöthigte Baireuth mit Granaden zur Uebergabe, und zwang dieser Stadt 6000. Thlr. Brandschatzung ab. Im Herbste dieses Jahrs übernahm der König Ferdinand, des Kaisers ältester Prinz, das Commando der Kaiserlichen Armee bei Nördlingen. Er schickte die Obristen Strotzi und Johann von Werth mit neun Regimentern Reutern ins Anspachische, welche Anspach, Feuchtwang, Kreglingen, Kreilsheim, Aub, Rötingen und alle umliegende kleinere Orte ausplünderten, sich aber auf Annäherung der Schweden wieder zurückzogen. Bald darauf kam es am 27sten August bei Nördlingen zu einer entscheidenden Schlacht, in welchen die Schweden aufs Haupt geschlagen und fast aus ganz Schwaben und Frankreich hinausgetrieben wurden. Nun fielen Piccolomini und Isolani mit ih en C o ten ins Anspachische und in das Baireuther Unterland ein, und setzten alles in Contribution. Bambry hauste im Oberlande, mußte aber nach einer vergeblichen Belageruug der Stadt Culmbach wieder abziehen.

Die beiden Fürstenthümer wurden nun sequestrirt, ein Kaiserlicher Sequester in dieselben gesetzt, und die Unterthanen von ihrem, den Fürsten geleisteten Eide der Treue losgezählt. Der Markgraf trat daher dem zwischen dem Churfürsten von Sachsen und vielen andern protestantischen Ständen zu Prag am 30ten Mai 1635. geschloßenen Frieden bei. Er erhielt dadurch seine Lande wieder zurück, und dieselben wurden von der Zeit an auch mit etwas mehrerer Schonung behandelt.

Im folgenden Jahre muste der Markgraf, auf die Drohungen des Generals Lambry, die Festung Plassenburg öffnen, und

Kaiserliche Besatzung darinn einnehmen. Die Schweden erhohlten sich in diesem und dem folgenden Jahre wieder von ihrer Niederlage bei Nördlingen, und in den Jahren 1637. und 1638. erfocht der Held, Herzog Bernhard von Weimar, eine fast ununterbrochene Reihe glänzender Siege. Schon drohte er in Oestreichs Erblande einzudringen und dadurch diesem Hause den letzten tödtlichen Streich zu versetzen, als ihm die Kunst eines Genefer Abts, Namens Blandini, mitten in seiner ruhmvollen Laufbahn dieser Welt entriß. Banner wurde nun Generallissimus der ganzen Schwedischen Kriegesmacht und that in den Jahren 1639. und 1640. den Kaiserlichen großen Abbruch. Nach seinem Siege bei Chemnitz im Jahr 1639. rückte er nach Meißen, und schickte den General-Lieutenant Wittenberg ins Baireuthische Voigtland. Der General Piccolomini stand eben im Baireuthischen, und schickte daher den General-Major Bredau mit einem starken Corps ab, den Schwedischen General zu überfallen. Es glückte ihn, Wittenbergen zurückzuschlagen, und nun rückte das Kaiserliche Heer ins Voigtland, und Piccolomini schlug zu Hof sein Hauptquartier auf. Er rückte hierauf dem Schwedischen Heere bey Saalfeld entgegen. Nachdem beide Heere die ganze Gegend ausgezehrt hatten, gieng Banner ins Lüneburgische und die Kaiserlichen ins Fuldaische. Die Schweden wandten sich aber bald wieder gegen Thüringen. Von da marschirte Banner über Hof nach Baireuth, wo er einige Tage blieb.

Da die Croaten so eben in den Sechs-Aemtern hausten, so schickte er den Obristen Rosa gegen sie. Dieser griff 2000 Croaten, die viele Proviantwägen begleiteten, bei Wonsiedel an, hieb viele davon nieder, machte einige Hunderte zu Gefangenen, und zerstreute die übrigen. Banner machte sich nun auf, um den zu Regensburg versammelten Reichstag zu überraschen, mußte sich aber, da ihn die Kälte den Uebergang über die Donau unmöglich machte, wieder zurückziehen. Bald darauf starb er im Monat April 1641. und hinterließ den Ruhm einer der größten Feldherrn damaliger Zeit gewesen zu seyn. Ihm folgte der bereits in dem Kriege gegen Pohlen berühmt gewordene Schwedische Feldmarschall Torstenson, und machte sich durch seine Siege bei Schweidnitz, bei Tabor, bei Leipzig, bei Niemeck und bei Jankow den Kaiserlichen furchtbar und verehrenswürdig. Der Schwedische General Königsmark rückte im Jahr 1642. ins Voigtland, und ließ den Obristen Kinsky mit einem Regimente in Hof zurück, welcher das benachbarte Böhmen durch häufige Streifereien beunruhigte. Königsmark gieng nun nach Culmbach, und nöthigte dem Markgrafen eine Contribution ab. Von da rückte er ins Bambergische und nach Niedersachsen.

Nun rückte der Französische Feldherr Guebriant ins Baireuthische ein, und hielt darinn vom Jahr 1642. bis 1643.

seine Winterquartiere, wobei das Land ganz ausgesogen wurde. Im folgendem Jahre am 17ten Mai eroberte der Kaiserliche Oberste Colombino die Stadt Hof, und vertrieb den Obersten Kinsky daraus. Das Schloß war aber noch von dem Schwedischen Major Hörel besetzt. Am 21ten Julius kam aber der feindliche General-Wachtmeister von Webel mit 5000. Mann und vielem Geschütze in die Stadt, und fieng an das Schloß zu beschießen. Die Feinde quartirten sich alle mit Gewalt in die Stadt ein, und plünderten dieselbe rein aus, wobei viele Wohnungen zusammengeschossen wurden. Auf Königsmarks Annäherung zog sich aber Webel nach Eger zurück. Major Hörel muste sich auch bald darauf auf Königsmarks Befehl zu dessen Armee begeben. Die Stadt Hof war vom October des vorigen bis zum August dieses Jahres um mehr als 20000. Fl. gebrandschatzt worden.

In den Jahren 1645, 1646. und 1647. musten beide Lande von den feindlichen

Durchzügen sehr viel ausstehen. Der Schwedische General Wrangel, der, weil Torstenson wegen seiner Kränklichkeit das Commando niedergelegt hatte, nun Generalißimus der Schweden geworden war, rückte im Jahr 1647. ins Baireuthische, und ließ den General Löwenhaupt in Culmbach zurück. Von da marschirte er vor Eger, welche Festung er eroberte. Indessen zog Löwenhaupt vor die Stadt Hof, worinn 60. Kaiserliche Dragouer zur Besatzung lagen. Nach einer tapfern Gegenwehr der Belagerten, eroberte er die Stadt auf Capitulation und legte eine Besatzung hinein. Das Kaiserliche Heer rückte nun Wrangeln bei Eger entgegen. Von da aus fielen häufig streifende Partheien ins Baireuthische, und plünderten alles aus. Wrangel zog hierauf nach Sachsen, wohin ihm die Kaiserlichen nach der Eroberung der Stadt Wonsiedel folgten.

Im folgenden Jahre marschirte Wrangel durch das Bambergische nach Feuchtwang, und vereinigte sich mit dem Französischen Feldherrn Turenne, der über Creilsheim zu ihm marschirte. Königsmark marschirte nach Böhmen, und entsetzte, nach der Eroberung von Wonsiedel, das von den Kaiserlichen belagerte Eger. Das vereinigte Schwedisch Französische Heer marschirte nach Schwaben, kehrte aber bald wieder ins Anspachische zurück. Wrangel lagerte sich bei Feuchtwang, und Turenne bei Wassertrudingen, welcher sich aber bald darauf mit Wrangeln vereinigte. Sie waren schon im Begriff weiter zu marschiren, als sie am 27ten October die Nachricht vom Frieden erhielten, welcher allen fernern Feindseligkeiten ein Ende machte.

Westphälischer Friede. Dieser wohlthätige Friede, der unter den Namen des Westphälischen bekannt ist, wurde zu Osnabrück mit den Schweden und zu Münster mit den Franzosen am 24ten October geschlossen. Wir wollen nur das Wichtigste desselben ausheben.

1) Die Schweden bekamen vier und eine halbe Million Fl. zur Entschädigung der gehabten Kriegskosten. Diese wurden unter den Ständen ausgeschlagen, und auf Baireuth und Anspach kamen 133772. Fl., die sie am 25. Julius 1652. dem Schwedischen Gesandten einhändigen ließen.

2) Die Schweden bekamen ganz Vorpommern, einiges an den Mecklenburgischen Küsten, die Bisthümer Bremen und Verden und die Stadt Wilshusen.

3) Der Churfürst von Brandenburg bekam zur Entschädigung für Vorpommern die Stifter Magdeburg, Halberstadt und Minden, welche secularisirt wurden.

4) Wurde der Religions-Friede von Augsburg bestätigt. Das Jahr 1624. wurde festgesetzt, daß welches Land vor denselben katholisch oder protestantisch gewesen sey, es noch seyn

und bleiben solle. Das Restitutions-Edict wurde aufgehoben.

5) Eine allgemeine Amnestie bewilligt.

6) Sollte eine Revision des Kammer-Gerichts vorgenommen werden, und bei demselben sollten stets eben so viele katholische als protestantische Beisitzer seyn.

7) Alle Fürsten, die verjagt oder ihrer Rechte entsetzt worden wären, sollten in dieselben wieder eingesetzt werden. Des Churfürsten Friedrichs V. Söhne sollten ihre Lande und die Churwürde wieder bekommen, Maximilian von Baiern aber auch die Churwürde behalten. Die Festung Wilzburg sollte den Markgrafen, so wie ihre ganzen Lande wieder eingeräumet werden.

8) Die Waffen sollten niedergelegt werden.

Den Frieden unterschrieb im Namen Culmbachs und Anspachs der Geheim-

Rath, D. Heinrich Langenbeck am 24ten October 1648.

Im Jahr 1650. wurde zu Nürnberg der Friedens-Executions-Convent angestellt, auf welchem die Friedensbedingungen in Erfüllung gebracht und der Friede am 16. Junius publicirt wurde.

Die Verwüstung, die dieser schreckliche Krieg über ganz Deutschland verbreitet hatte, war unbeschreiblich. Auch unsere Lande hatten dieselbe in ihrer ganzen Wuth empfunden. Die meisten Orte waren in Aschenhaufen verwandelt worden, die Einwohner bis auf die Hälfte vermindert, die Fluren lagen öd und unbearbeitet, Wälder und wilde Thiere nahmen überhand, Justizpflege und Gottesdienst lagen ganz darnieder, und der an die Greuel des Krieges gewohnte Bürger kehrte fast in den Stand der Wildheit zurück. Nur einige Beispiele der schrecklichen Verheerung dieses grausamen Krieges in unsern Landen will ich hier anführen, und diese

Folgen dieses Kriegs für unsere Lande.

werden genug seyn, dem Leser einen Begriff davon beizubringen. Zu Burgbernheim traf man im Jahr 1639. nicht mehr als sieben Haushalten und von Hausthieren nur eine Kuh und vier Ziegen und acht Hüner an. Zu Uhlfeld waren im Jahr 1633. nur noch vier Haushalten, und an vielen kleinern Orten wohnte gar niemand mehr. Nach dem Frieden mußten sich die Leute selbst aus Ermangelung des Viehes an den Pflug und Wagen spannen. Zu Neustadt an der Aisch wohnten nur noch einige Leute. Auf den Straßen lagen daselbst die Leichname unbegraben herum. Die Wölfe fielen daher in die Stadt, und hatten einen ordentlichen Aufenthalt darin. Die Hunde fraßen an den Leichnamen herum, und wurden dadurch so wüthend, daß sie sogar die Lebendigen anfielen, und zerrissen. Die verfallenen Gebäude waren ein Aufenthalt der Schlangen und anderer gefährlichen Thiere. Die Städte Baireuth, Wonsiedel und Hof zählten nicht mehr die Hälfte ihrer ehemaligen Einwohner.

Markgraf Christian that zwar alles für seine Lande, konnte aber die feindlichen Verwüstungen von denselben nicht abhalten. Im Jahr 1619. erließ er eine Bergordnung im Druck, die auch auf dem Harze und Erzgebirge angenommen wurde. Der Krieg verjagte aber die Bergleute alle, und die besten Werke giengen ein. Im Jahr 1627. bestätigte der Kaiser Ferdinand II. dem Markgrafen das Privilegium de non appellando, und setzte die Appellations-Summe auf 800. rheinische Goldgulden. Im Jahr 1628. kaufte der Markgraf das Amt Lichtenberg von dem Fürsten Radzivil für 80000. Fl. *Christiens Sorge für seine Lande während des Kriegs*

Nach dem Westphälischen Friedens-Schluße ließ Markgraf Christian im Jahr 1650. ein Friedensfest feiern. Im Jahr 1653. feierte er sein 50jähriges Regierungs-Jubiläum. Im Jahr 1655. stellte er und sein Vetter Markgraf Albrecht von Anspach das Heilsbronner Gymnasium, das wegen des Kriegs *und nach demselben* eingegangen war, auf 50. Alumni wieder her.

Christian stirbt, 1655 Bald hernach starb Markgraf Christian am 30sten Mai 1655. Er hatte mit seiner Gemahlin Maria, Herzogs Albrecht Friedrichs von Preussen Tochter, 4. Söhne und 4. Töchter gezeugt. Von den Töchtern starb die älteste, Elisabeth Eleonora, und die dritte, Agnes, schon in der Jugend; die zweite, Anna Maria, heurathete den Fürsten Johann Anton von Crummau und Eggenberg, und die vierte, Magdalena Sibylla, den Churfürsten Johann Georg II. von Sachsen. Von den Söhnen starben zwei, nemlich der zweite, Georg Friedrich, und der dritte, Christian Ernst, in der Jugend. Von dem vierten Sohne Georg Albrecht stammt die sogenannte Culmbachische Linie her. Dessen Nachkommen siehe in den hinten angefügten Tabellen. Der älteste Prinz des Markgrafen Christians, Erdmann August, vermählte sich mit Sophia, Markgraf Joachim Ernsts von Anspach Tochter, mit welcher er einen Prinzen Christian Ernst, zeugte. Nach dem Tode seiner Gemalin am 23ten November 1646. verlobte er sich zum zweitenmal mit des Herzog Adolph Friedrichs von Mecklenburg Prinzeſſin, Sophia Agnes, am 26ten Junius 1650. Das Beilager wurde aber nicht vollzogen, indem er am 27ten Januar 1651. plötzlich starb. Nach des Markgrafen Chriſtians Tode folgte ihm daher in der Regierung sein Enkel

Chriſtian Ernſt,

gebohren am 27ſten Julius 1644. Er stand nach seines Großvaters Tode unter der Vormundſchaft seines Onkels des Markgrafen Georg Albrecht von Anspach, und seines Vettern, des großen Churfürſten Friedrich Wilhelms von Brandenburg, die ihn sehr sorgfältig erziehen ließen. Im Jahr 1657. bezog er in Begleitung seiner beiden Hofmeister, Heinrichs von Borck und Caspar Liliens die Universität zu Strasburg. Nach ei-

Chriſtian Ernſt 1655 — 1712

ner daselbst am 21. April 1659. abgelegten, öffentlichen und, vermuthlich, selbst gemachten Rede: de Principatus bene regendi artibus, verließ er die Universität, und machte eine Reise durch Frankreich Zu Bourdeaux stiftete er im Jahr 1660. zum Andenken des Pyrendischen und Oliver Friedens den Concordien-Orden (l'ordre du brasselet de la Concorde) *) Im Jahr 1661. kehrte er nach Deutschland zurück, und wurde zu Cleve am 5ten October dieses Jahrs für majorenn erklärt. Er gieng hierauf sogleich in seine Lande und nahm die Huldigung ein. **)

Er tritt die Regierung an. Gegen seine beiden Lehrer bewieß er sich ausserordentlich dankbar. Von Borck wurde sogleich zum Geheimen Rath, Oberhofmarschall und Kammer-Präsidenten, Lilien aber zum General-Superinten-

---

*) I. G. Layritz Oratio de Concordiae ordine quem Ser. Christianus Ernestus fundavit.

**) Groß Brand. Regentenhist. p. 409. ꝛc.

tendenten und Oberhofprediger ernannt. Letztern ließ er im Jahr 1664. vom Kaiser Leopold in den Adelstand erheben, und machte ihn im Jahr 1675. zum Präsidenten des Consistorii und im Jahr 1678. zum Geheimen Rath. *)

Markgraf Christian Ernst hatte sich durch seine Reisen und dem Unterricht seiner vortreflichen Lehrer sehr viele Kenntnisse erworben. Er stiftete daher im Jahr 1664. das vortrefliche Gymnasium illustre zu Baireuth. Caspar von Lilien traf dessen Einrichtung so, daß es noch bis auf den heutigen Tag allen Gymnasiis zum Muster dienen kann. Es sah dieser gelehrte Mann die bisher bei dem Schulwesen vorhandenen Fehler wohl ein, und setzte daher zu einer oder zwei verwandten Wissenschaften allezeit einen besondern Lehrer, da auf den andern Schulen immer ein Lehrer eine ganze Claße zu

stiftet das Gymnasium zu Baireuth.

---

*) Dieser verdienstvolle Mann war gebohren zu Berlin am 29. October 1632, und starb am 22. Januar 1687.

S

lehren hat, wo er alle Wissenschaften lehren muß, die er doch unmöglich alle vollkommen verstehen kann. Außer den Sprachen werden Geschichte, Mathematik und Philosophie so vorgetragen, daß die Schüler ganz für die Universität vorbereitet werden. Viele große Gelehrte Deutschlands sind schon in demselben gebildet worden. (siehe u. a. Fikenscheri Oratio historica de acad. Gymn. et clar. Scholarum doctoribus ex illustr. Gymn. Baruthino.) Gegenwärtig hat es durch die Bemühung des verdienstvollen Herrn Regierungs-Raths von Wöllerndorf noch die vortrefliche Einrichtung erhalten, daß eine eigne darzu niedergesetzte Commißion, bei der sich rühmlichst erwähnter Herr Regierungsrath selbst befindet, beim Examen der jungen Leute, die auf Academien gehen wollen, gegenwärtig ist, und die Unwissenden zurücke weißt.

Ritterakademie zu Erlang. Im Jahr 1704. stiftete der Freiherr Groß von Trokau, unter Aufmunterung und Unterstützung des Markgrafen, zu

Erlang eine Ritter-Akademie, die den Grund zur nachmaligen Universität legte.

Markgraf Christian Ernst war aber nicht nur Liebhaber der Wissenschaften, sondern auch Held im Kriege. Im Jahr 1664. wurde er zum Fränkischen Kreis-Obersten ernannt. Im Jahr 1672. führte er die Fränkischen Kreistruppen gegen die Franzosen an, die er von Würzburg bis an den Rhein zurückdrängte, daher er zum Kaiserlichen General-Wachtmeister ernannt wurde. Er wohnte im Jahr 1702. der Belagerung von Landau und dem neuntägigen Gefechte bei Saspach, zwischen den beiden größten Feldherrn damaliger Zeit, Turennen und Montecuculi, bei. Endlich endigte eine Kanonenkugel das Leben des großen Turenne, und die Franzosen wurden zurückgeschlagen. Der Markgraf wurde wegen seiner hiebei bewiesenen Tapferkeit zum Kaiserlichen und des Reichs General-Lieutenant ernannt. Er deckte hierauf die Belagerung der Festung Philippsburg, und

Christian Ernsts Kriegsthaten

da im Jahr 1676. Markgraf Friedrich von Baden wegen Krankheit das Commando der Reichsarmee niederlegte, so erhielt er daſſelbe, welches er bis an den Frieden von Nimwegen im Jahr 1679. mit großem Ruhme führte. *) Im Jahr 1683. half er das von den Türken belagerte Wien mit entſetzen, wobei er mit eigner Hand einen Türkiſchen Haupt-Roßſchweif eroberte. **) Im Jahr 1688. fiel Ludwig XIV. aufs neue in Deutſchland ein, und drang bis nach Franken vor. Der Markgraf ſammelte aber in bewundernswürdiger Geſchwindigkeit die Fränkiſchen Kreistruppen, trieb die Franzoſen bis an den Rhein zurück, und erwarb ſich, bis zur Beendigung des Kriegs durch den Frieden zu Ryswick im Jahr 1697., großen Ruhm. Im Spaniſchen Succeßionskriege erhielt er, nach dem Tode des Markgrafen Ludwigs von Baden, das alleinige Commando der

---

*) Falkenſtein l. c. p. 472. ſeq.

**) Reinhard l. c. p. 194.

Reichsarmee, dankte aber im Jahr 1707. wegen seiner schwächlichen Gesundheit ab. *)

Ohngeachtet der vielen Kriege, welchen der Markgraf beiwohnte, versäumte er doch die Regierung und die Sorge für das Wohl seiner Unterthanen keineswegs. Unter ihm und durch seine Unterstützung erhohlte sich sein Land von den Verheerungen des 30jährigen Kriegs. Die öden Felder wurden von den arbeitsamen Landmanne wieder angebaut; die in Asche liegenden Wohnungen wieder aufgerichtet, Kunst, Fleiß und Betriebsamkeit durch Aufmunterung und Belohnung des würdigen Fürsten erweckt, und das Land durch weise Anstalten wieder blühend gemacht. Unter ihm wurde ums Jahr 1670. die erste Manufactur im Lande zu Wonsiedel durch die Geislische Familie errichtet, deren wollene Zeuche weit und breit verführt wurden. Nach der Aufhebung

Christian Ernsts Verdienste um seine Lande

**) Groß Brand. Regentenhist. p. 417. ꝛc

des Edicts von Nantes *) durch Ludwig XIV. im Jahr 1685. rief er die Französischen Reformirten Flüchtlinge durch ein Schreiben in sein Land, daher sich denn sehr viele dahin begaben. Die meisten ließen sich zu Erlangen nieder, wo sie die Erlaubniß erhielten, eine neue Stadt anzubauen. Sie erhielten eine Kirche, mit einem Thurm, und viele Privilegien. Diese arbeitsamen Leute brachten Kunstfleiß und Thätigkeit ins Land, und versorgten dasselbe durch ihre vielen angelegten Manufacturen und Fabriken mit Waaren, die man vor dem mit großen Kosten vom Auslande hatte müssen herbeischaffen lassen.

Vermehrung seiner Lande. Markgraf Christian Ernst vermehrte aber auch seine Lande mit verschiedenen ansehnlichen Orten. Im Jahr 1659. fiel ihm nach dem Tode Hanns Ludwigs

---

*) Dieses Edikt wurde zu Nantes vom König Heinrich IV. im Jahr 1598. unwiederruflich gegeben, darin den Reformirten freie Religionsuebung und alle Rechte wie den Katholiken zugestanden wurden.

von Künßberg dessen Schloß und Theil an dem Flecken Weidenberg heim. Im Jahr 1668. kaufte er Schnabelweyd von Hanns von Künßberg für 40000 fl. und 2000. Thaler Leyhkauf. Um eben diese Zeit fiel ihm nach Aussterben derer von Sparneck der Ort Sparneck heim. Im Jahr 1670. fiel ihm durch den Tod Christophs von Rabenstein, des letzten seines Geschlechts, dessen Theil an dem Flecken Wirsberg heim. Im Jahr 1679. kaufte er von Hanns Christoph Muffel von Ermreuth dessen Antheil an dem Flecken Uhlfeld für 11000. fl. und 100. Ducaten Leyhkauf. Im Jahr 1684. fiel ihm nach Aussterben der Familie von Laineck, mit Christian Erdmann von Laineck, der große Ort Nemmersdorf, und im Jahr 1687. nach Absterben Philipp Christophs von Wiersberg, des letzten seiner Familie, das Dorf Lanzendorf heim.

Im Jahr 1668. erhielt der Markgraf bei einer Reise nach Dännemark von dem

Andere Merkwürdigkeiten

Könige den Elephanten-Orden. Im Jahr 1672. ließ er die Schloßkirche zu Baireuth erbauen. Im Jahr 1683. wollte das Domcapitul zu Bamberg nach dem Tode des Bischoffs Peter Philip das Mitausschreibende Amt im Fränkischen Kreiße verrichten; der Markgraf schickte aber ihre Gesandten sogleich zurück, und behauptete seine Rechte, vermöge welcher er das Kreisausschreibende Amt, während der Vakanz des Bischöflichen Stuhls, allein ausübte. Im J. 1699. gestand er den Grafen von Thurnau die hohe und fraischliche Obrigkeit, Leut und Blutbann in und um Thurnau, sodann zu Verfen und deren Zugehörigen, als ein Reichsaftermannlehen, zu, doch unbeschadet des Hochstifts Bamberg hergebrachter Lehensherrlicher Competenz. *)

Bald darauf starb Markgraf Chri-

---

*) Diese Grafen wurden im Jahr 1726. ins Fränkische Grafen Collegium eingeführt haben aber bei den Kreiszusammenkünften keine Stimme, tragen auch nichts zur Kriegsmatrikel bei.

stian Ernst am 10ten Mai 1712. Er war dreimal vermählt gewesen. Das erstemal mit Erdmuth Sophia, Churfürst Johann Georg II. von Sachsen Prinzeßin, am 19ten October 1662. die aber am 12ten Junius 1670. ohne Kinder wieder starb. Er vermählte sich daher zum zweitenmal mit des Herzogs Eberhard III. von Würtenberg Tochter, Sophia Louise, am 29ten Januar 1671. Mit derselben zeugte er vier Töchter und zwei Söhne. Von erstern vermählte sich Christiana Eberhardina, mit dem Könige Friedrich August von Pohlen, und Eleonora Magdalena mit dem Fürsten Hermann Friedrich von Hohenzollern. Die zwei folgenden Prinzeßinnen, Claudia Eleonora Sophia und Carola Aemilia, starben als Kinder. Von den Prinzen folgte der älteste, Georg Wilhelm, seinem Vater in der Regierung, der zweite, Carl Ludwig, starb als Kind. Diese zweite Gemahlin des Markgrafen starb am 3ten October 1702., worauf er sich am 30ten März 1703. zum drit-

Christian Ernst stirbt 1712.

tenmal mit Elisabeth Sophia, Churfürst Friedrich Wilhelms des Großen Prinzessin, und Wittwe des Herzog Friedrich Casimirs von Curland verheurathete. Diese vermählte sich nach seinem Tode wieder, am 6ten Januar 1714., mit dem Herzoge Ernst Ludwig von Sachsen-Meiningen, ward aber im Jahr 1724. zum drittenmal Wittwe. Markgraf Christian Ernst zeugte mit ihr keine Kinder.

Georg Wilhelm,

Georg Wilhelm 1712 — 1726 wurde zu Baireuth am 16ten November 1678. gebohren. Er machte im Jahr 1695. in Begleitung seines Hofmeisters Friedrichs von Walter, und andrer Edelleute, Reisen durch Deutschland und Holland, wo er sich zwar Kenntnisse und Geschmack, aber auch eine unmäßige Liebe zur Pracht erwarb. Nach seiner Zurückkunft feng er an, das Städtchen St. Georgen, ohnweit Baireuth, auf Holländische Art, anzulegen.

Er wohnte hierauf dem Kaiserlichen Heere als General Wachtmeister im Spanischen Succeßionskriege bei, und machte im Jahr 1702. die Belagerung von Landau mit, wo er durch eine Musqueten-Kugel in den Leib gefährlich verwundet wurde. Er wurde jedoch glücklich wieder hergestellt, und führte im Jahr 1704. die Fränkischen Kreisvölker in dem hitzigen Gefechte beim Schellenberge, und in der blutigen Schlacht bei Höchstädt mit vielem Ruhme an. Wegen seiner hierbei bewiesenen Tapferkeit, wurde er in diesem Jahre zum Reichs-General-Lieutenant und im J. 1706. zum General der Cavallerie ernannt.*) Nach dem Tode seines Vaters gieng er in seine Lande zurück. Er behielt aber während seiner ganzen Regierung eine große Vorliebe für das Soldatenwesen bei, und war der erste Markgraf, der, außer seinem Reichscontingent, ein sehr unnützes Grenadier-Bataillon und eine Schwadron Husaren, beständig auf den Beinen hatte.

*) Groß l. c. p. 489. ꝛc.

Seine Gemahlin Sophia, Johann Adolphs Herzog von Sachsen Weißenfels Tochter, mit welcher er sich im Jahr 1699. am 15ten October vermählte, verleitete ihn vorzüglich zu seiner großen Liebe zur Pracht und Verschwendung. Sie liebte brausende Belustigungen und kostbare Tafeln, führte die Komödien und Opern und Karnevalls mit großem Kostenaufwande ein, und zog eine Menge unnützer Hofleute, Sänger, Spieler und Offiziers an ihren Hof. Die Grenadier Offiziers trugen damals große Alongeperücken und Bärenmützen.

Seine Prachtliebe und Verschwendung

Gleich nach seinem Regierungs-Antritte brachte Markgraf Georg Wilhelm den von ihm schon als Kronprinz gestifteten Orden de la sincerité oder den sogenannten rothen Adler-Orden im Jahr 1712. völlig zu Stande. *) Er ließ für denselben zu St. Georgen eine Ordenskirche erbauen. Er verordnete auch, daß bei dieser neuen Stadt ein Zuchthaus

*) Falkenstein l. c. p. 501.

erbaut, und mit der, im Jahr 1720. von Kaufmann Knöller errichteten Porcellan-Fabrik, verbunden werden sollte. Er vergrößerte auch das dasige Schloß, machte die Anlage der vortreflichen Eremitage, und ließ das neue Rathhaus zu Baireuth und das Schloß zu Himmelkron erbauen.

Von den wahren Verdiensten um seine Lande, und von der Sorge für die Regierung derselben, läßt sich nun freilich wenig sagen. Im Jahr 1719. verglich er sich endlich völlig mit Anspach wegen des Kreisausschreibenden Amtes in Franken *) also, daß Georg Wilhelm es allezeit sechs und hierauf Anspach drei Jahre hintereinander verrichten sollte. Nach Georg Wilhelms Tode aber sollte es beständig zwischen Anspach und Baireuth alle drei Jahre abwechseln. Dieser Ver-

Verdienste um seine Lande

---

*) Was über dieses Recht für unzählige Streitigkeiten zwischen beiden Häußern vorgefallen, siehe in eines Anonymi Abhandlung über das Mitkreisausschreibende Amt in Franken, darinn auch dieser letzte Vergleich vorhanden.

gleich wurde zu Hailsbronn am 25sten August abgeschlossen. In eben diesem Jahre wurde von den beiden Markgrafen das Gymnasium zu Hailsbronn aufgehoben, und die Klosterämter abgetheilt. Der Markgraf von Anspach stiftete bald darauf selbst ein Gymnasium zu Anspach; Baireuth aber wandte den Fond von diesem Gymnasio zu Stipendien und andern nützlichen Schulanstalten an.

<small>Georg Wilhelm stirbt 1726</small> Markgraf Georg Wilhelm starb am 17ten December 1726. und wurde in der Baireuther Stadtkirche begraben. Der große Feldherr Eugen soll zu dem Kaiser Karl VI., auf erhaltene Nachricht von des Markgrafen Tode, gesagt haben: Euer Kaiserliche Majestät haben einen der größten Feldherrn im ganzen Römischen Reiche an dem Markgrafen zu Baireuth verlohren. *) Mit seiner Gemahlin hatte er drei Töchter und zwei Söhne gezeuget, die aber alle wieder in der Ju-

---

*) Groß l. c. p. 434. et a.

gend verstarben. Ihm folgte daher in
der Regierung sein Vetter

Georg Friedrich Carl

gebohren am 19ten Junius 1688. auf Georg Fri‑
dem Gräflich‑Wolffsteinischen Schloße drich Carl
Ober‑Sulzburg. Er stammt von dem 1726 —
zweiten Prinzen des Markgrafen Chri‑ 1735
stian, Georg Albrecht her, dessen Nach‑
kommen man, weil er sich zu Culmbach
aufhielt, die Culmbachische Linie nannte.
Georg Albrecht hatte eine Menge Prin‑
zen, *) daher denn die Apanagen‑Gelder
zu ihrem Unterhalte nicht zulangen woll‑
ten. Christian Heinrich und seine Söh‑
ne, darunter Georg Friedrich Carl der
älteste war, thaten daher zum Vortheil
des Churbrandenburgischen Hauses auf
die Erbfolge Verzicht, und dieses wieß
ihnen dagegen das Amt Weferlingen im
Halberstädtischen an. Christian Heinrich
starb im Jahr 1708. Da nun Georg
Wilhelms Prinzen alle wieder in der

*) siehe die Genealogischen Tabellen.

Kindheit starben, so bemühten sich Christian Heinrichs Prinzen, die Abtrittsacte zu wiederruffen. Durch Vermittelung des Kaiserlichen Hofes brachten sie es endlich dahin, daß dieselbe vom Brandenburgischen Hause wieder aufgehoben wurde. *) Jedoch sollte der Prinz, der zur Regierung kommen würde, die aus dem Amte Weferlingen gezogenen Einkünfte, welche man auf 800000. Thaler festsetzte, in jährlichen Fristen wieder bezahlen.

Verdienste um seine Lande. Markgraf Georg Friedrich Carl sorgte als ein Vater für das Wohl seiner Unterthanen. Er hatte in seiner Jugend viele Widerwärtigkeiten des Schicksals ausstehen müssen, und durch eigene Noth hatte er fremde empfinden gelernt. Er dankte alle Soldaten, Sänger, Komödianten und unnütze Hofleute ab, die unter seinem Vorgänger den grösten Theil der Landes-Einkünfte verzehrt hatten.
Um

---

*) siehe Imhof Notitia Procerum tom. I. lib. 4. C. 3. P. 272.

Um den bei den Höfen fast unvermeidlichen Aufwand auszuweichen, machte er unter dem Vorwande, seine schwächliche Gesundheit wieder herzustellen, eine Reise in die Schweiz, unter dem Namen eines Grafen von Lauenstein. Die damals üblichen frommen Zusammenkünfte der Pietisten wurden durch wiederholte Verordnungen von ihm verboten, und der Knecht Ruprecht, und andere den Aberglauben befördernde Gewohnheiten, aus seinen Landen verbannt. Auf die Verbesserung der Justiz und des Schulwesens richtete er vornehmlich seine Aufmerksamkeit. Im Jahr 1731. erließ er ein Rescript an das Consistorium, in welchem er befahl, die Schüler, welche keine natürlichen Fähigkeiten zum Studieren hätten, gleichwohl aber von den Eltern dazu bestimmt würden, zu einer andern Lebensart zu verweisen. *) Er ehrte und schätzte wahre Religion und Gottesfurcht, als die Grundpfeiler des Wohls eines

*) Es ist dasselbe im Corpore Const. Brand. Culmb. mit enthalten.

T

Staats. Der im Jahr 1732. ausgewanderten Salzburger Protestanten nahm er sich aus allen Kräften an, und unterstützte sie bei ihrer Durchreise durch sein Land.

Vergrößerung desselben
Er vermehrte auch seine Lande mit verschiedenen Orten. Im Jahr 1730. kaufte er Streitau von den Herren von Lindenfels. Um eben diese Zeit fiel ihm, nach Aussterben der Familie von Lüßwitz, das Rittergut Glashütten und Frankenhag heim. Die verhypothecirten Aemter Frauenthal, Mönchsteinach und Mönchaurach wurden von ihm wieder eingelöst.

Anbauung der Stadt Baireuth
Die Stadt Baireuth hat ihm die Erbauung des neuen Thors und die von denselben angelegte neue Straße, nebst dem Waisenhause, zu danken. Durch einen eigenen Geldbeitrag wurde die Erbauung des Zuchthauses zu St. Georgen vollendet, und das Fürstliche Schloß daselbst vergrößert. Der Stadt Wonsiedel, welche unter seiner Regierung im Jahr

1731. ganz abbrannte, half er durch alle mögliche Unterſtützung wieder auf.

Aber leider, ſollte Baireuth das Glück einen ſolchen Fürſten zu beſitzen, nicht lange genießen, und ſchon am 17. Mai 1735. wurde ihm derſelbe durch den Tod entriſſen. Er hatte mit des Herzog Friedrich Ludwigs von Hollſtein-Beck Tochter, Dorothea, mit der er ſich am 17ten April 1709. zu Berlin vermählte, zwei Prinzen und, drei Prinzeßinnen gezeugt. Der älteſte Prinz Friedrich folgte ihm in der Regierung; der zweite, Wilhelm Ernſt, wurde Obriſter über ein Kaiſerliches Infanterie, und ein Fränkiſches Kreis Cüraßier-Regiment, und wohnte dem Kriege in Italien bei, wo er am 7ten Novemb. 1733. zu Mantua an den Kinderblattern ſtarb. Von den Prinzeßinnen vermählte ſich die älteſte, Sophia Chriſtiana Louiſe, mit dem Fürſten Alexander Ferdinand von Thurn und Taxis; die zweite, Sophie Charlotte Albertine, mit dem Herzoge Ernſt Auguſt von Weimar, und die dritte, So-

phie Wilhelmine, mit dem Fürsten Carl
Edzard von Ostfriesland.

Friedrich

Friedrich
1735 —
1763

war gebohren am 10ten Mai 1711. Im
Jahr 1720. schickte ihn sein Vater unter
der Aufsicht und Information Johann
Stephan Erckerts, nachmaligen Baireuthischen Geheimen Regierungs- und Con-
sistorial-Rath, nach Geneve, wo er sich
bis ins Jahr 1730. aufhielt, und daselbst
studierte. Nach seiner Zurückkunft vermählte er sich am 20sten November
1730. zu Berlin mit Friedericka Sophia
Wilhelmine, des Königs Friedrich Wilhelm I. von Preußen Tochter, und Friedrich des Einzigen Schwester.

Seine Ver-
schwendung

Nach dem Tode seines Vaters übernahm
er die Regierung des Fürstenthums Baireuth. So sparsam und genau er in seiner Jugend leben mußte, so verschwenderisch wurde er nun. Er war ein außer-
ordentlicher Liebhaber der Pracht, und
machte immer mehr als Königlichen Staat

und Aufwand. Sein Hofstaat bestand aus einem Oberhofmarschall, Hofmarschall, Oberhofmeister, Oberschenken, Schloßhauptmann, einer großen Menge Kammerherren und Kammerjunkern, französischen und deutschen Mundköchen, Kammerdienern, Laufern, Heyducken ꝛc. ꝛc. Er hielt eine mit den besten Italienischen Sängern und Sängerinnen und den vortreflichsten Tonkünstlern besetzte Capelle, und errichtete für die Musikliebhaber am Hofe und in der Stadt eine Musikakademie. Das Theater war mit den besten Schauspielern und Tänzern besetzt, die große Besoldungen erhielten. Sogar der damals in Paris so berühmte Acteur in Trauerspielen, le Kain, und der Lustspieler Preville, mußten an seinem Hofe einige Zeit ihre Kunst sehen lassen, und wurden königlich beschenkt.

Auf das, mit Italienischen und Französischen Architekten besetzte Bauwesen, und Liebe zur Pracht verwandte er jährlich 50000. fl. Die Stadt Baireuth hat ihm vorzüglich ihre

Vergrößerung und Verschönerung zu danken. Er ließ die vielen Sümpfe um dieselbe austrocknen und ausfüllen und die Vorstädte darauf erbauen. Die alten Thore und Befestigungs-Werke ließ er wegbrechen; und die Stadtgräben ausfüllen. Er verbesserte das Steinpflaster, ordnete die nächtliche Beleuchtung an, und errichtete öffentliche Brunnen, Wasserleitungen und Alleen. Er erbauete die Kanzley, das prächtige Opern- und das Komödienhaus, das Reithaus, die Reuterkaserne, die Münze, das Jagdhaus und die herrschaftlichen Ställe, und vergrößerte und verschönerte das Waisenhaus und die Spitalkirche. Die prächtige Friedrichs-Straße und die Jäger-Straße wurden von ihm angelegt. Die bereits von Georg Wilhelm angelegte Eremitage wurde von ihm durch Vergrößerung und Verschönerung der Gärten und Alleen, Anlegung der Springbrunnen und Statuen, und Erbauung der prächtigen Schlösser zu einem Königlichen Aufenthalte umgeschaffen.

Am 26ten Januar 1753. hatte er das Unglück, durch ein aus seiner eignen Unvorsichtigkeit entstandenes Feuer, sein prächtiges Residenzschlos in wenigen Stunden in die Asche zu legen. Dieser Brand verzehrte, ausser dem grösten Theile des Schlosses, das neuerbauete Komödienhaus und die Schloßkirche. In der Eile ließ er das neue Schloß aufbauen, und dies ist die Ursache, warum es nicht besser ausgefallen ist. Zugleich wurde das neue Komödienhaus und der Schloßgarten angelegt, die ein gleiches trauriges Schicksal mit dem neuen Residenz-Schlosse hatten.

Brand des Residenzschlosses.

Markgraf Friedrich war übrigens auch ein großer Liebhaber und Kenner von Künsten und Wissenschaften. Im Jahr 1742. stiftete er zu Baireuth eine Universität, welche er aber im folgenden Jahre nach Erlangen verlegte. *) Er legte zu Bai-

Beförderung der Künste und Wissenschaften

---

*) D. Huths Sendschreiben von der Einweihung ꝛc. der Universität Erlangen 1744. Historia academiae Fried. Erlangensis etc. 1744. et a.

reuth in dem alten Schlosse eine vortref.
liche und vollständige Naturalien Sammlung an. Er stiftete auch zu Baireuth
eine Mahler- und Bildhauer-Academie,
und unterstützte die jungen Leute, die sich
diesen Künsten widmeten. Er ließ auf
seine Kosten viele junge Künstler und
Studirende in fremde Lande reisen. Viele junge, von ihm aufgezogene Leute, fanden in Berlin, Paris und andern großen
Städten, bei den Bauwesen, Mahlerei
und andern Künsten ihr Glück. Er be-
suchte selbst öfters die Werkstätte der
Künstler und Fabrikanten und munterte
sie durch Lob und Belohnungen auf. Viele Fabriken und Manufacturen haben
ihm ihre Entstehung zu danken. Im
Jahr 1759. errichtete er zur Beförderung der Landesökonomie, der Bergwerke und Fabriken ein Oberkommer-
zienkollegium, das aus einem Präsidenten, Regierungsrathe, Kammerrathe,
Landschaftsrathe und einigen geschickten
Kaufleuten bestand.

In den im Jahre 1756. ausgebro- 7jähriger
chenen, 7jährigen Kriege mußte sein Land Krieg
auch viele Drangsale ausstehen, bis der
Hubertsburger Friede im Jahr 1763.
denselben ein Ende machte.

Der Markgraf Friedrich vermehrte Vermeh-
auch durch verschiedene Orte seine Lan- Lande
de. Im Jahr 1752. kaufte er Eschenau von den Herrn von Muffel, und
im Jahr 1755. fiel ihm der Ort Bernstein heim.

Er war zweimal vermählt. Mit sei- Lob seiner
ner ersten Gemahlin, der Prinzessin von Gemahlin
Preußen, zeugte er eine Tochter, Elisa-
beth Sophie Friedericka, die am 30ten
August 1732. gebohren wurde. Sie
vermählte sich mit dem Herzoge Carl
Eugen von Würtenberg und am 26ten
September 1748. wurde mit großer
Pracht zu Baireuth das Beilager ge-
halten. Sie trennte sich aber schon im
Jahr 1758. wieder von ihm, und fand

T 5

sich bei ihren Eltern in Baireuth ein. Da der Markgräfin Gesundheits-Umstände sehr abnahmen, so machte ihr Gemahl mit ihr im Jahr 1754. eine Reise nach Lion in Frankreich, und von da nach Avignon, Rom und Neapel. Erst im folgenden Jahre kam sie nach Baireuth zurück, aber ihre Gesundheit nahm dessen ohngeachtet immer mehr ab. Endlich wurde sie durch ein schleichendes Fieber am 14ten October 1758. dieser Welt entrissen.

Wir können ihr kein schöneres, und mit mehrerer Wahrheit abgefaßtes Lob geben, als ihr eigener Bruder, Friedrich der Einzige, in seinen Werken ihr gab. Er sagte: „Das Königliche Haus verlohr im Jahre 1758. die Markgräfin von Baireuth, eine Fürstin von seltenen Verdiensten. Sie besaß einen ausgebildeten Verstand, der mit den schönsten Kenntnissen geschmückt war, einen Geist zu allen geschickt und ein seltenes Talent zu jeder Art von Künsten. Diese glücklichen

Gaben der Natur machten jedoch nur den kleinsten Theil ihres Lobes aus. Die Güte ihres Herzens, ihre großmüthigen und wohlthätigen Gesinnungen, der Edelmuth und die Erhabenheit ihrer Seele, das Sanfte ihres Characters vereinigten in ihr die glänzenden Vorzüge des Geistes mit einer festen, sich nie verläugnenden Stimmung der Tugend. Oft erfuhr sie die Undankbarkeit derer, die sie mit Wohlthaten und Gunst überhäuft hatte, aber nie konnte man ein Beispiel anführen, daß sie Jemanden verstoßen habe. Die zärtlichste und beständigste Freundschaft vereinigte den König und diese würdige Schwester. Diese Bande hatten sich von ihrer frühesten Jugend an geknüpft, eine gleiche Erziehung und gleiche Denkungsart hatten sie enger zusammengezogen, und eine Treue, die jede Probe aushielt, machte sie von beiden Seiten unauflöslich. Diese Prinzeßin deren Gesundheit schwach war, zog sich die Gefahren, welche ihrer Familie drohten, so sehr zu Herzen, daß der Kummer ihren Körperbau vollends zerstörte. Sie starb den 14ten October 1758. mit einem Muthe und einer Standhaftigkeit der Seele, welche des unerschrockensten Weltweisen würdig waren. Es war der nehmliche Tag, an welchem der König von den Oestreichern bei Hochkirchen geschlagen wurde. Die Römer würden nicht ermangelt haben, diesem Tage wegen zwei so empfindlicher Unfälle, welche dem König zu gleicher Zeit trafen, eine unglückbringende Bestimmung beizulegen."

Friedrich stirbt 1763 Markgraf Friedrich vermählte sich am 20sten September 1759. zum zweitenmal mit Sophia Caroline Maria, des Herzog Carls von Braunschweig Tochter, zu Braunschweig, mit welcher er aber keine Kinder zeugte. Er starb wenige Jahre hierauf am 26sten Februar 1763. an einem Katarrfieber nach einer neuntägigen Krankheit, und wurde in der Schloßkirche zu Baireuth ohne großes Gepränge beigesetzt. Da er keine männliche Nachkommen gezeugt hatte, so folgte ihm in der Regierung seines Vaters jüngster Bruder

Friedrich Christian.

Er war gebohren zu Weferlingen am 17ten Julius 1708. Er studierte mit seinem ältern Bruder Friedrich Ernst zu Altorf, Halle und Helmstädt, machte darauf eine Reise nach Italien, und kam von da wieder zu seinem Schwager, dem König Christian IV. von Dännemark, nach Kopenhagen zurück, und trat in seine Kriegsdienste. Als sein ältester Bruder Georg Friedrich Carl zur Regierung kam, wies ihm derselbe das Schloß zu Neustadt an der Aisch zu seiner Residenz an, von da er sich aber wegen einiger Verdrießlichkeiten mit demselben, weg, und nach Wandsbeck begab, wo er sehr eingezogen lebte.

Friedrich Christian 1 63 — 1769.

Nach Markgraf Friedrichs Tode war er noch der einzige männliche Nachkomme Markgraf Christians, und trat als

tritt die Regierung an.

solcher die Regierung an. Am 6ten Mai 1769. kam er zu Baireuth an und bestätigte sogleich alle Kanzlei-Bediente und Beamten. Die Sänger, Komödianten, Ton und andre Künstler aber, erhielten sogleich ihren Abschied. Er schaffte die großen Tafeln bei Hofe ab, stellte das Bauwesen und andern Aufwand ein, und suchte dadurch die auf dem Lande haftenden großen Schulden in etwas zu tilgen. Sein Liebling und Leibmedikus Schröder wußte sich bei ihm so einzuschmeicheln, daß er ihn zum Geheimenrath und endlich gar zum Minister erhob, in welchem Posten er aber seines Herrn Gesundheit vernachläßigte. Dieser starb am 20sten Januar 1769. und wurde in die Gruft zu Himmelkron begraben.

und stirbt 1769.

Er hatte sich mit Victoria Charlotte, des Fürsten von Anhalt Schaumburg Victor Amadeus Adolphs Tochter, am 26sten April 1732. vermählt, ließ sich aber ohne männliche Nachkommen mit ihr gezeugt zu haben, im Jahr 1739. wieder scheiden. Mit ihm erloschen die männlichen Nachkommen Christians. Zwar war noch die Linie derer von Kotzau übrig, die aber, weil sich der Prinz Georg Albrecht mit der Tochter eines Amtmanns im Baireuthischen, Namens Regina Magdalena Luciußin, vermählt hatte, ihr Erbrecht verlohr. Das Fürstenthum Baireuth fiel daher, vermöge der Brandenburgischen Erbverträge, an den Markgrafen von Anspach, Christian Friedrich Carl Alexander. *Baireuth fällt an Anspach.*

Achtzehnter Abschnitt.

Geschichte des Fürstenthums Anspach, unter der Regierung der Markgrafen jüngerer Linie, bis zur Wiedervereinigung beider Fürstenthümer mit dem Königlichen Churhause Brandenburg. 1603 — 1792.

Joachim Ernst

Joachim Ernst 1603 — 1625

wurde zu Cölln an der Spree am 11ten Junius 1583. gebohren. Sein Vater war der Churfürst Johann Georg von Brandenburg, und seine Mutter, Elisabeth, Joachim Ernsts Fürsten von Anhalt Tochter. Im Jahr 1594. wurde er zum Coadjutor des Johanniter Meisterthums in der Mark erwählt. Im Jahr 1598. bezog er die Universität Frankfurth an der Oder. Er machte hierauf Reisen durch Dännemark, Deutschland, Frankreich, Holland, England und

und Schottland, und erwarb sich auf denselben viele Kenntnisse.

Nach dem Tode des Markgrafen Georg Friedrich am 26ſten April 1603. trat er, vermöge des Vertrags von Gera, die Regierung des Fürſtenthums Anſpach an, welches ihm durchs Loos zugefallen war. Er nahm am 23ſten Julius dieſes Jahres die Huldigung ein. tritt die Regierung an

Er legte während ſeiner Regierung viele Proben ſeiner Tapferkeit ab. Im Jahr 1604. reiſte er in die vereinigten Niederlande, und nahm Dienſte bei denſelben gegen die Spanier.*) Er zeichnete ſich bei verſchiedenen Gelegenheiten, beſonders bei der Eroberung der Stadt und des Hafens Sluys in Flandern, und bei der am 9ten October 1605. vorgefallenen Schlacht, vor andern aus, bei welcher letztern ihm zwei Pferde unter dem Leibe erſchoſſen wurden. Nach Seine Kriegsverrichtungen

---
*) Groſ l. c. p. 461. ꝛc.

dem im Jahr 1607. geschlossenen Waffenstillstand und bald darauf erfolgten Frieden kehrte er in sein Land zurück. Im folgenden Jahre trat er der Protestantischen Union bei. Churfürst Friedrich VI. von der Pfalz wurde von derselben zum Director des ganzen Bündnisses, Markgraf Joachim Ernst aber zum General und Fürst Christian von Anhalt zum General-Lieutenant ernannt. Da nach dem Absterben des letzten Herzogs von Jülich und Cleve der Kaiser die, dem Churhause Brandenburg mit Recht zugehörigen, Jülich-Clevischen Lande sequestriren wollte, so zog die Union dem Churfürsten Johann Sigismund von Brandenburg und dem Pfalzgrafen Philipp Ludwig von Neuburg, welche beide diese Lande unter sich getheilt hatten, zu Hülfe. Markgraf Joachim Ernst rückte im Jahr 1610. den Truppen des Erzherzogs Leopold von Oestreichs, Bischoffs von Strasburg, in Elsaß entgegen, eroberte Dachstein und Molzheim, und zwang den Bischoff zum Frieden, welcher am ½¼ten August zu Willstädt geschlossen wurde. Bei den im Jahr 1618. ausgebrochenen Unruhen in Böhmen hielt die Union verschiedene Zusammenkünfte zu Rotenburg an der Tauber, Nürnberg, Heidelberg und Schwäbisch-Hall, und rieth dem Churfürsten Friedrich V. von der Pfalz von der ihm angetragenen Böhmischen Königskrone ab, aber vergebens. Die Armee der Union setzte sich daher unter Anführung des Markgrafen Joachim Ernst im Jahr 1620. in Bewegung, und lagerte sich 13000. Mann stark bei Ulm. Nun rückte der Herzog Maximilian von Baiern mit den liguistischen Truppen gegen ihn an, und jedermann befürchtete eine blutige Schlacht. Aber auf einmal wurde der Friede zwischen der Union und Ligue geschlossen, und beide Armeen giengen ohne Schwerdtstreich aus einander. In diesem Frieden versprach die Union, sich in die Böhmischen Händel nicht zu mischen, und blos des Churfürsten Erblande gegen Angriffe zu decken. Markgraf Joachim

Ernst zog sich daher in die Unterpfalz, die der Spanische General Spinola bedrohte. Diesem gelang es aber doch, den Markgrafen wegen seiner Schwäche an Mannschaft aus der Pfalz zu verdrängen, worauf sich derselbe nach Worms zurückziehen mußte. Nach der unglücklichen Schlacht auf dem weißen Berge bei Prag stellten die Uniirten Stände im Feburar 1621. eine Zusammenkunft zu Heilbronn an, auf welcher beschlossen wurde, sich mit dem Spanischen General in Friedenstractaten einzulassen. Am 12ten April dieses Jahrs kam auch würklich ein Friede zu Stande, worauf von beiden Seiten die Kriegsfeindseligkeiten gegen einander eingestellt wurden. Bald darauf wurde eine abermalige Zusammenkunft zu Heilbronn angestellt, und auf derselben die Union von den verbundnen Ständen gar aufgehoben. *)

*) Siehe die beim Markgraf Christian über den 30jährigen Krieg citirte Autores.

Markgraf Joachim Ernst erwarb sich aber auch um seine Lande viele Verdienste. Er liebte und schätzte Wissenschaften und Künste und munterte dieselben auf. Der berühmte Astronom Simon Marius genoß an seinem Hofe alle mögliche Unterstützung, und wurde zum Hofmathematikus ernannt. *) Es entdeckte derselbe im Jahr 1609. vier Trabanten des Jupiters, und nennte sie Sidera Brandenburgica. Im Jahr 1614. reiste der Markgraf nach Naumburg, woselbst die zwischen Sachsen, Brandenburg und Hessen geschlossene Erbverbrüderung erneuert wurde. Im Jahr 1617. kaufte er von den Herren von Seckendorf die Aemter Bertholsdorf und Bechhofen.

Verdienste um seine Lande

---

*) Er hieß eigentlich Simon Mayer und wurde im Jahr 1570. gebohren. Der Markgraf ließ ihm auf seine Kosten nach Italien reisen, wo er sich zu Padua und Venedig einige Jahre lang aufhielt. Bei seiner Zurückkunft wurde er zum Hof-Mathematikus zu Anspach ernannt. Er starb im Jahr 1624.

und Tod
1625

Markgraf Joachim Ernst starb am 25ten Februar 1625. Er hatte mit seiner Gemahlin Sophia, Johann Georgs Grafen zu Solms Tochter, vier Söhne und eine Tochter erzeugt. Der älteste, Friedrich, folgte ihm in der Regierung, und nach dessen Tode folgte der dritte Prinz, Albrecht; der zweite, Albrecht, und der vierte, Christian, starben in der Jugend. Die einzige Tochter Sophie vermählte sich im Jahr 1641. an des Markgrafen Christian von Baireuth Erbprinzen, Erdmann August.

Friedrich,

Friedrich
1625 —
1634

war gebohren zu Anspach am 21sten April 1616., und also nach dem Tode seines Vaters noch minderjährig. Markgraf Christian von Baireuth übernahm daher als nächster Anverwandter die Vormundschaft über ihn und seine beiden noch lebenden Brüder, Albrecht und Christian. Wie sehr während und nach dieser vormundschaftlichen Regierung das Fürstenthum Anspach im 30jährigen Kriege gelitten, ist bereits unter dem Markgrafen Christian erzählt worden. Markgraf Friedrich begab sich im Jahr 1634. unter die Kriegsdienste Herzog Bernhards von Weimar und erhielt ein Regiment zu Pferd unter der Würde eines Obristen. Er blieb aber in der für die Schweden so unglücklich ausgefallenen Schlacht bei Nördlingen am 27sten August 1634. ehe er noch zur Majorennität gelangt war. Auch sein jüngster Bruder Christian war im Jahr 1633. im 10ten Jahre seines Lebens zu Blois in Frankreich gestorben, und war daselbst begraben worden. Nun folgte in der Regierung Markgraf Joachim Ernsts dritter Sohn

Albrecht.

Er war gebohren zu Anspach am 18ten September 1620., und stand so wie seine Brüder nach dem Tode seines Vaters unter seines Onkels, des Markgrafen Christian von Baireuth, Vormundschaft.

Albrecht, 1634 — 1667.

Im Jahr 1632. machte er eine Reise nach Frankreich und kam erst im Jahr 1636. wieder zurück. Während seiner Abwesenheit war das Fürstenthum Anspach wegen seines Bruders Tode im Jahr 1634. in Kaiserliche Sequestration genommen worden, welche aber in dem Prager Frieden im Jahr 1635. wieder aufgehoben wurde.

tritt die Regierung an Im Jahr 1639. übernahm er nach erlangter Volljährigkeit die Regierung selbst, die er sehr rühmlich führte. Während des 30jährigen Krieges vermehrte er im Jahre 1647. seine Lande mit dem Flecken und Amte Treuchtlingen, welches er von dem Grafen von Pappenheim erkaufte. *) Nach dem Westphälischen Frieden suchte er seinem Lande, durch eine weise und wohlthätige Regierung,

---

*) Dieser Ort gehörte sonst denen von Treuchtlingen, die im Jahr 1420. ausstarben. Von diesen kam er an die Familie von Leutersheim, von dieser an die von Seyer, und von diesen an die Grafen von Pappenheim. siehe Döderleins Pappenheimische Historie. Cap. 8. p. 291.

wieder aufzuhelfen, und erwarb sich dadurch die Liebe und die Segens-Wünsche seiner treuen Unterthanen. Im Jahr 1655. stellte er in Gemeinschaft seines Onkels, des Markgrafen Christian, das Heilsbronner Gymnasium auf 50. Schüler wieder her. In eben diesem Jahre übernahm er, nebst dem großen Churfürsten Friedrich Wilhem von Brandenburg, nach Markgraf Christians Tode, die Vormundschaft über dessen unmündigen Enkel und Nachfolger Christian Ernst. Im Jahr 1663. schickte er dem Kaiser Leopold I. eine Compagnie zu Pferd gegen die Türken zu Hülfe. Im folgenden Jahre machte er eine Reise nach Italien, von welcher er erst in Frühling des folgenden Jahres wieder zurück kam. Im Jahr 1667. kaufte er den Flecken, Schloß und Amt Berolzheim von den Grafen Wolff Philipp und Franz Christoph von Pappenheim. *)

---

*) Stiebers Hist. Topogr. Nachr. v. Fürst. Anspach p. 249.

stirbt 1667. Nicht lange genoß aber dieses Fürstenthum das Glück, einen solchen Fürsten zu besitzen. Schon im Jahre 1667. am 22ten October wurde ihm derselbe durch den Tod entrissen, und nur die vortreflichen Eigenschaften seines Sohnes vermogten, die über diesen Verlust tiefgebeugten Unterthanen zu trösten. Er war dreimal vermählt gewesen. Mit seiner ersten Gemahlin, Heinriette Louise, Herzog Friedrich Ludwigs von Würtenberg Tochter, mit welcher er am 21sten August 1642. zu Stuttgard Beilager hielt, zeugte er 3. Töchter, Sophie Elisabeth, Albertine Louise und Sophie Amalie, die aber alle drei in der Kindheit wieder starben. Nach dem Tode seiner ersten Gemahlin, am 24. August 1650., vermählte er sich wieder am 5ten October 1651. mit Sophie Margaretha, Joachim Ernsts Grafen von Oettingen Tochter, mit welcher er zwei Söhne und drei Töchter zeugte. Der älteste, Johann Friedrich, folgte ihm in der Regierung, und der zweite, Albrecht Ernst, starb in der Jugend. Von den

Prinzessinnen starb die älteste, Louise
Sophie, unvermählt; die zweite, Dorothea Charlotte, heurathete den Landgrafen Ernst Ludwig von Hessen Darmstadt, und die dritte, Eleonora Juliana, den Herzog Friedrich Carl von Würtenberg. Des Markgrafen zweite Gemahlin starb aber schon wieder am 26sten Julius 1664. Er verheurathete sich daher zum drittenmal mit des Markgrafen Friedrich V. von Baden Durlach Tochter, Christiana, mit welcher er aber keine Kinder zeugte. Sie vermählte sich nach seinem Tode wieder mit dem Herzoge Friedrich von Gotha, am 14ten August 1681. ward aber im Jahr 1691. schon wieder Wittwe, und starb als solche zu Altenburg am 21sten December 1705.

Johann Friedrich

wurde am 8ten October 1654. zu Anspach gebohren. Unter der Vormundschaft seines Vettern, Friedrich Wilhelm des Großen, Churfürsten von Brandenburg, erhielt er eine vortrefliche Erziehung. Er

Johann
Friedrich
1667 —
1686

härtete seinen Körper durch männliche Uebungen ab, bildete seinen Geist durch die Wissenschaften, die er mit einer unbeschreiblichen Leichtigkeit faßte, und machte sein Herz für das Wohl und Unglück seiner Mitmenschen und für jede Tugend empfänglich. Im Jahr 1670. machte er eine Reise durch Deutschland und Frankreich, und erwarb sich auf derselben außerordentliche Kenntnisse.

tritt die Regierung an

Nach erlangter Majorennität kehrte er im October 1672. in sein Land zurück, und übernahm die Regierung desselben, die er stets zum Wohle seiner Unterthanen rühmlichst führte. Sein Wahlspruch war:

Seine Verdienste

Pietate et justitia, welchen er genau nachkam, und während seiner Regierung stets vor Augen hatte. Im Jahr 1673. reiste er persönlich zu dem Kaiser Leopold, um seinem Lande Erleichterung von den vielen Einquartierungen der Kaiserlichen Truppen zu verschaffen, welches er auch glücklich bewerkstelligte. Im J. 1677. reiste er nochmals deswegen nach Wien. Im

Jahr 1675. kam der große Churfürst von Brandenburg, auf seinem Marsche gegen Frankreich, durch das Anspachische, und wurde zu Uffenheim von Albrechten prächtig bewirthet. Im Jahr 1680. machte er eine Reise durch Frankreich, England und die Niederlande, und kehrte im Frühjahre des folgenden Jahres wieder zurück. Der im Jahre 1685. durch die Aufhebung des Edicts von Nantes aus Frankreich vertriebenen Reformirten nahm er sich vorzüglich an, und ertheilte ihnen in seinen Landen einen Zufluchtsort, daher sich denn viele darinn niederließen, und verschiedene Privilegien erhielten. In eben diesem Jahre hatte er die Kränkung, die Bürgerschaft zu Mainbernheim sich gegen einige weise Veranstaltungen empören zu sehen, er ließ sie aber bald mit Gewalt wieder zum Gehorsam zurückbringen. *)

Schon im folgenden Jahre entriß diesen guten Fürsten der Tod seinen Unter-

*) Gros l. c. p. 309.

und Tod 1686

thanen am 10ten März durch die Kinderblattern.

Seine Nachkommen

Er hatte sich zweimal vermählt. Das erstemal am 26sten Januar 1673. mit Johanna Elisabeth, Markgraf Friedrich VI. von Baden Durlach Tochter, mit welcher er 3. Prinzen und 2. Prinzessinnen zeugte. Der älteste Prinz, Leopold Friedrich, starb als Kind; der zweite, Christian Albrecht, folgte seinem Vater in der Regierung und der dritte, Georg Friedrich, folgte seinem ältern Bruder. Von den Prinzessinnen vermählte sich die älteste, Fridericka Dorothea, mit dem Grafen Johann Reinhard von Hanau-Lichtenberg, und die zweite, Charlotte Sophie, starb in der Jugend.

Nach dem Tode seiner ersten Gemahlin am 28sten September 1680. verheurathete er sich zum zweitenmal, am 4ten November 1681. mit Eleonora Erdmuth Louise, Herzog Johann Georgs von Sachsen Eisenach Tochter, mit welcher er zwei Prinzen und eine Prinzeſſin zeugte. Der älteſte Prinz, Friedrich Auguſt, ſtarb als Kind, und der zweite, Wilhelm Friedrich, folgte ſeinem Bruder Georg Friedrich in der Regierung. Die Prinzeſſin Wilhelmine Caroline vermählte ſich mit dem Churfürſten Georg Auguſt von Hannover und nachmaligen König von England. Nach des Markgrafen Tode verheurathete ſich deſſen verwittibte Gemahlin wieder am 17ten April 1692. mit dem Churfürſten Johann Georg IV. von Sachſen, der ſie aber durch ſeinem Tod am 17ten April 1694. zum zweitenmal zur Wittwe machte. Bald darauf ſtarb ſie zu Pretſch am 9ten September 1696.

Chriſtian Albrecht

war gebohren zu Anſpach am 8ten September 1675. Nach dem Tode ſeines Vaters übernahmen der Churfürſt Friedrich III. von Brandenburg und der Markgraf Chriſtian Ernſt die Vormundſchaft über ihn. Im Jahr 1690. trat er

Chriſtian Albrecht 1686 — 1692.

eine Reise nach Holland und England an. Auf seiner Zurückreise wurde er aber zu Frankfurth am Main von einem hitzigen Fieber überfallen, und starb daselbst am sechsten October 1692., noch ehe er zur Majorennität gelangt war. Die Regierung fiel daher an seinem Bruder

Georg Friedrich.

Georg Friedrich 1692 — 1703.

Er war am 23sten April 1678. zu Anspach gebohren, und kam nach seines Vaters Tode unter des Churfürsten Friedrich III. und des Markgrafen Christian Ernsts Vormundschaft. Er machte im Jahr 1690. zugleich mit seinem Bruder eine Reise durch Holland und England, und kam im J. 1692. wieder zurück. Wegen seines schon frühe reifen Verstandes wurde er schon im Jahr 1694. für majorenn erklärt und trat die Regierung an.

tritt die Regierung an

Am 27sten Julius 1694. nahm er die Huldigung zu Anspach ein. Er war von der Natur mehr zum Kriegs-Helden geschaffen, und brachte auch fast seine ganze Regie-

Regierung in Kriegs-Verrichtungen zu. Schon im Jahre 1695. reiste er zu der, unter dem Commando des Markgrafen Ludwigs von Baden-Baden, und des Markgrafen Christian Ernsts von Baireuth stehenden Armee am Rhein, und that sich bei allen Gelegenheiten hervor. Nach dem zu Ryswick geschlossenen Frieden machte er in Begleitung seines Bruders Wilhelm Friedrich eine Reise durch die Niederlande Frankreich und Italien, und kehrte im Februar 1700. wieder nach Anspach zurück.

Im Jahr 1701. wurde er vom Kaiser zum General-Feldmarschall ernannt, und begab sich zu der Armee, unter dem Oberkommando des Herzog Eugens von Savoyen nach Italien, und trat das Oberkommando über die Cavallerie an. Er wurde von diesem Feldherrn zur Ausführung verschiedener gefährlichen Coups beordert, die er aber jederzeit mit vielem Ruhme ausführte. Er begab sich hierauf in die Winterquartiere ins Herzogthum

X

Mirandola. Am 4ten Januar 1702. brach er aber schon wieder auf erhaltene Ordre mit einigen Regimentern auf, und eroberte die Festung Bersello im Herzogthume Modena, worauf er wieder in die Winterquartiere zurückkehrte. Im Monat April führte er das Commando der zu der Bloquade von Mantua bestimmten Truppen. Er wurde aber in der Mitte dieses Jahres von der Armee in Italien ab, und zu der Armee am Rheine berufen. Hier wohnte er der Belagerung der Festung Landau bei, und zeichnete sich bei verschiedenen Vorfällen besonders aus.

Zu Anfang des folgenden Jahres kehrte er nach Anspach zurück, wurde aber durch ein eigenhändiges Schreiben des Kaisers vom 9ten Februar in den gnädigsten Ausdrücken ersucht, den Feldzug ferner beizuwohnen. *) Er begab sich daher wieder zur Armee, und kommandirte den linken Flügel des Kai-

*) Falkenstein I. a. p. 620.

serlichen Heeres bei dem Angriffe der Bairischen Linien bei Dietfurth am 4ten März, und trug durch seine dabei bewiesene Tapferkeit nicht wenig zu dem erfochtenen Siege bei. Er wohnte hierauf der Belagerung und Eroberung von Neumarck bei. Er wurde daher wegen seiner vielen Verdienste von dem Reichstage zu Regensburg am 27sten März dieses Jahres zum obersten General der Reichs-Cavallerie ernannt. An eben diesem Tage griff er mit einem Corps von 800. Mann zu Pferde den stark besetzten Baierischen Posten bei Schmidemühlen in der Pfalz an, und war auch Anfangs glücklich. Den folgenden Tag wurde er aber von einer ihm weit überlegenen Anzahl angegriffen, und sahe sich daher nach der tapfersten Gegenwehr genöthigt, sich zurück zu ziehen. Er wurde aber durch eine Musquetenkugel durch den Leib geschossen, und von seinen Bedienten in ein nahes Haus gebracht. Von da wurde er weiter geführt, ließ sich aber wegen zunehmender Schwäche in dem,

X 2

zum Bisthume Regensburg gehörigen Dorfe Küttensee, absetzen. Daselbst starb er am 29sten März mit einem ausserordentlichen Muthe und einer rührenden Freudigkeit und Ruhe des Geistes. Sein Leichnam wurde hierauf nach Anspach abgeführt, und daselbst begraben. Da er nicht vermählt gewesen war, fiel die Regierung an seinem jüngsten Bruder

und Tod 1703

Wilhelm Friedrich,

gebohren am 29sten December 1685. Im Jahr 1701. begab sich derselbe zu der Armee am Rhein, und bekam ein Regiment zu Fuß, unter dem Character eines Obristen. Bald darauf wurde er noch in eben diesem Jahre, zu des Fränkischen Kreises General-Wachtmeistern ernannt. Er begab sich hierauf zu der Armee in den Niederlanden, und that sich bei verschiedenen Gelegenheiten hervor. Im Jahr 1702. machte er eine Reise durch England, und gieng über Holland wieder nach Anspach. Von da begab er sich, als Kaiserlicher General-

Wilhelm Friedrich 1703 — 1723.

Major, zu der Armee am Rhein, und wohnte der Belagerung der Festung Landau und der Schlacht bei Friedlingen mit vielem Ruhme bei, bei welcher letztern Action er mit einer Mousqueten-Kugel verwundet, aber bald wieder hergestellt wurde. Er machte hierauf dem Feldzuge in Baiern mit, kehrte aber nach dem Tode seines Bruders in sein Land zurück, wurde vom Kaiser Leopold für majorenn, erklärt, und trat die Regierung an, die er sehr rühmlich führte. Er besaß eine genaue Kenntniß seines Landes, und einen ungemeinen Eifer für das Wohl seiner Unterthanen. Standhaftigkeit in seinen einmal gefaßten Entschlüssen, Thätigkeit und Eifer in Ausführung derselben, eine durch richtige Grundsätze geleitete Liebe zur Wohlthätigkeit, und eine nie wankende Treue gegen seine Freunde machten die Hauptzüge seines Charakters aus. Sein Wahlspruch war: Thue recht und scheue niemand; und er blieb demselben während seiner ganzen Regierung getreu.

Verdienste um sein Land

In dem Spanischen Successionskriege wurden seine Lande, im Jahr 1707. von dem Marschall von Villars mit einem Einfalle bedroht, welcher auch schon in den ihm am nächsten liegenden Orten Contributionen ausgeschrieben hatte. Ehe er aber kam, dieselben zu erheben, wurde er genöthigt, sich wieder zurückzuziehen. Im Jahr 1709. reiste der Markgraf nach Venedig, um seine schwächliche Gesundheit wieder herzustellen. In eben diesem Jahre vermehrte er seinen Titel und Wappen mit denen des Herzogthums Mecklenburg. *) Im Jahr 1710. ließ er die Porcellan-Fabrik zu Anspach erbauen. Im Jahr 1711. kehrte Kaiser Carl VI. auf seiner Durchreise, zur Krönung nach Frankfurth, bei ihm zu Creilsheim ein, und wurde mit vielen Ehrenbezeigungen überhäuft. Im folgenden Jahre schloß

---

*) Dieses Recht gründet sich auf das, zwischen Churfürst Friedrich II. von Brandenburg und den Herzogen Heinrich den ältern Heinrich den jüngern und Johann, im Jahr 1442., errichtete Pactum Successorium. siehe Pfeffinger Vitriarius illustratus T. III. L. 3. tit. 3. p. 416.

er mit dem Baireuthischen Hause wegen des Mitkreisausschreibenden Amtes einen Vergleich, welcher aber erst im Jahr 1719. völlig zu Stande kam. Darinn wurde ausgemacht, daß der Markgraf Georg Wilhelm von Baireuth während seiner ganzen Regierung dieses Amt abwechselnd sechs, und Anspach drei Jahre verrichten sollte. Nach seinem Tode aber sollte es alle drei Jahre zwischen beiden Häusern abwechseln. *)

Im Jahr 1714. machte er abermals eine Reise in die Niederlande, und kehrte im Herbste wieder zurück. Im Jahr 1715. erkaufte er von Eleonora Barbara von Löwen das Amt Brucksberg, **) und um eben diese Zeit das Amt Vestenberg von den Herren von Eyb. Im J. 1717.

*) Siehe gründliche Nachricht vom Kreis-Ausschreibenden Amt absonderlich in Franken, darinn alle wegen desselben geschlossene Vergleiche in extenso befindlich sind.

**) Dieser Ort gehörte ehedessen der Familie von Rotenhan, von welchen er an die Herren von Eyb und von diesen an die von Löwen kam.

feierte er in seinem Lande das Jubiläum der Reformation. Im Jahr 1719. hob er und Markgraf Georg Wilhelm von Baireuth das Gymnasium zu Heilbronn auf, und beide theilten die Klosterämter ab. Im folgenden Jahre reiste er nach Wien an den Kaiserlichen Hof, und wurde sehr gnädig empfangen. Nach seiner Zurückkunft legte er die Bibliothek auf dem Schlosse zu Anspach an.

sein Tod 1723
Am 9ten December dieses Jahres wurde er von einem gefährlichen Schlag-Flusse überfallen, der ihm die linke Seite lähmte und die Sprache hemmte. Er bediente sich daher im Mai des folgenden Jahres des Embser Bades, konnte aber seine Gesundheit nicht wieder herstellen. Schon im folgenden Jahre am 6ten Januar wurde er zu Reichenbach, einem nahe bei Schwabach gelegenen Schloße, von einem zweiten Schlagflusse überfallen, welcher ihm am folgenden Tage das Leben raubte, und dadurch alle seine Unterthanen in die tiefste und aufrichtigste Betrübniß versetzte.

Er hatte mit seiner Gemahlin, Christiana Charlotte, Herzog Friedrich Carls von Würtenberg Tochter, mit welcher er am 28sten August 1709. Beilager hielt, zwei Söhne und eine Tochter gezeugt. Der älteste, Carl Wilhelm Friedrich, folgte ihm in der Regierung; der zweite, Friedrich Carl, und die Prinzessin, Eleonora Wilhelmine Charlotte, starben in der Jugend.

Seine Nachkommen

Carl Wilhelm Friedrich

war gebohren zu Anspach am 12ten Mai 1712. Nach dem Tode seines Vaters übernahm seine Mutter die Vormundschaft über ihn, und ließ ihn sorgfältig erziehen. Diese vortrefliche Frau war eine wahre Landes-Mutter für ihre Unterthanen. Auffer den vielen Wohlthaten, die sie den Armen und Nothleidenden erzeigte, war sie auch auf andere nützliche Anstalten bedacht. Sie sparte unter andern eine Summe von 100000. Rthlr. zusammen, die sie für die Errichtung einer Landes-Universität nieder-

Carl Wilhelm Friedrich 1723 — 1757

legte, auch dazu vom Kaiſer Carl VI. de dato Wien am 16. Junius 1726. das Privilegium erhielt; welcher Vorſatz aber nicht ausgeführt wurde. Die Markgräfin erklärte am 2ten Mai 1729. ihren Sohn für volljährig, und übergab in ſeine Hände das Ruder der Regierung, das ſie ſo weislich gelenkt hatte. Nicht lange darauf ſtarb ſie am 25ten December dieſes Jahrs zu allgemeiner und aufrichtiger Betrübniß aller ihrer Unterthanen.

bekommt die Geyeriſchen Güter
Markgraf Carl Wilhelm Friedrich vermählte ſich bald nach ſeinem Regierungs-Antritte am 30ten Mai 1729. mit Friedericka Louiſe, König Friedrich Wilhelms I. von Preußen Prinzeſſin. Am 21ten dieſes Monats gab ihm der König, zum Heurathsguth die Gräflich Geyeriſchen Güter, die aus den Orten Goldbach, Reinsbronn, Neuenkirchen, Ingelſtadt, einen Theil von Gibelſtadt und einigen andern hie und da zerſtreut liegenden Gütern beſtanden. *)

*) Die vorigen Beſitzer dieſer Orte waren die

Markgraf Carl Wilhem Friedrich war **Seine Ver-**
ein großer Liebhaber der Pracht und ver- **schwen-**
dung und
wandte besonders auf das Bauwesen auß- **Prachtliebe**
ferordentliche Summen, daher er denn
auch ungeheure Schulden hinterließ. Im
Jahr 1729. ließ er das noch stehende
prächtige Residenz-Schloß zu Anspach
erbauen. Die alte finstere St. Gum-
brechts Stiftskirche ließ er abbrechen und
eine neue aufbauen. Auch zu Waſſer-
trüdingen und Weydenbach ließ er neue
Kirchen, und zu Schwabach im Jahr
1756. ein Zuchthaus erbauen. Er stiftete auch im Jahr 1738. die Bibliotheck
in seinem Residenz-Schloſſe

Im Jahr 1736. stiftete er das Gym- **Er stiftet**
das Gym-
nasium illustre Carolinum zu Anspach. **nasium zu**
Anspach

Geyer von Gibelstadt, die im Jahr 1685. am
14ten Mai vom Kaiser Leopold zu Wien zu
Reichsgrafen von Geyer, und ihre Güter zu
einer Reichsgraffschaft, erhoben wurden. Der
erste Graf war Heinrich Wolfgang, der weil er
keine Kinder hatte, seine Lande dem Chur-
fürstl. Brandenburgischen Hause im Jahr 1696.
vermachte, welches dann nach seinem Tode am
24ten August 1708. dieselben völlig in Besitz
nahm.

Schon seit dem Jahre 1528. war daselbst eine lateinische Schule, deren Gebäude aus der, bei den vormaligen Gottesacker gestandenen, Capelle, bei der Pfarrkirche St. Johannes, errichtet wurde. Markgraf Carl Wilhelm Friedrich stiftete aber aus derselben ein Gymnasium illustre, welches eine musterhafte Einrichtung erhielt. Er ließ auch darzu ein neues prächtiges Gebäude aufrichten, und im Jahr 1737. am 12ten Junius wurde es feierlich eingeweiht und das Gymnasium darinn introducirt.

erbt die Graffchaft Sayn Altenkirchen.

Im Jahr 1741. am 26ten Julius erbte er die Reichsgrafschaft Sayn Altenkirchen, *) und im Jahr 1742. über-

*) Damit hat es folgende Beschaffenheit: Die Grafschaft Sayn gehörte ehedessen den Grafen von Sponheim. Im Jahr 1264. gab Graf Johannes von Sponheim und Sayn letztere Grafschaft seinem zweiten Sohne Gottfried, welcher also der Stammvater der eigentlichen Grafen von Sayn ist. Im Jahr 1606. starb seine männliche Nachkommenschaft mit dem Grafen Heinrich IV. aus, daher denn seiner verstorbenen Brüder hinterlassene zwei Töchter ihn erbten, davon die erste, Dorothea Catharina, die zwey Orte Monklar und Mayn-

trug ihm der König Friedrich der Einzige seine Rechte an die Reichs-Lehen in

burg, die zweite, Anna Elisabetha, aber die ganze übrige Grafschaft bekam. Ihr Sohn Ernst starb am 22sten Mai 1632., und hinterließ von seiner Gemahlin Louisa Juliana, gebohrnen Gräfin von Erbach, einen Sohn Ludwig und zwei Töchter, Ernestina und Johannetta. Nach Ludwigs Tode im Jahr 1636. fiel die Grafschaft an diese beyden Schwestern, davon die erste an den Grafen Salentin Ernst von Manderscheid Blankenhein; die zweite aber an den Herzog Johann Georg I. von Sachsen Eisenach vermählt war. Der ersten Antheil wurde die Grafschaft Sayn Hochenburg und der zweyten ihrer Sayn Altenkirchen genannt. Magdalena Christiana Tochter der Gräfin Ernestina, heurathete den Burggrafen Georg Ludwig zu Kirchberg, daher die Grafschaft Sayn Hochenburg an diese Burggrafen kam. Johannetta vermachte in ihrem Testamente ihren jüngsten Sohne Johann Wilhelm, und dessen männlichen Nachkommen, die Grafschaft Sayn Altenkirchen. Würden diese aber aussterben, so sollte die Grafschaft an ihrem ältesten Sohn Johann Georg und dessen männliche Nachkommen fallen. Wenn aber die männliche Nachkommenschaft von beiden aussterben würde, sollte sie zwischen ihren beiden Töchtern, Eleonora Erdmuth Louisa, Gemahlin Markgraf Wilhelm Friedrichs von Anspach, und Friedericka Elisabeth, in gleichen Theilen, oder wenn nur eine noch am Leben wäre, an die andere allein fallen. Würde eine von beyden Töchtern einen Sohn, die andere aber nur Töchter haben, so sollte sie auf diesen fallen. Da nun Johann Georg und Friedericka Elisabeth ohne männliche Nachkommen starben, und Herzog Johann Wilhelms Prinz Wilhelm

der Grafschaft Limburg als ein Reichs-After-Mann-Lehen.*) In eben diesem Jahre gelangte der Markgraf zum Besitz des, ehemals den Freyherrn von Rauber gehörigen, Rittergutes Steinhard.

stirbt 1757. Markgraf Carl Wilhelm Friedrich starb im Jahr 1757. am 3ten August. Er hatte zwei Söhne gezeugt. Der älteste Carl Friedrich August starb in der Kindheit. Der zweite

Heinrich, im Jahr 1741. am 26sten Julius ohne männliche Nachkommen starb, so nahm Johannettens Enkel, der Markgraf Carl Wilhelm Friedrich, von der Grafschaft Sayn Altenkirchen Besitz, und wurde hierauf in das Grafen Collegium des Westphälischen Kreises aufgenommen, und erhielt eine Stimme in demselben.

*) Diese Lehen gründen sich auf die, dem Churfürsten von Brandenburg Friedrich III., vom Kaiser Leopold, de dato Wien den 15. October 1693., ertheilte, und von allen nachmaligen Kaisern bestätigte, Anwartschaft auf dieselbe, welche auch nach dem gänzlichen Aussterben des Gräflich Limburgischen Hauses, im Jahr 1713. am 19ten August, dem Königlich Preußischen Hause wirklich beimgefallen sind.

Christian Friedrich Carl Alexander.

folgte ihm in der Regierung. Er war gebohren am 24ten Februar 1736. Im Jahr 1754. am 22ten November vermählte er sich mit Friedericka Carolina des Herzogs Franz Josias von Coburg Saalfeld Tochter, und Schwester des großen Kaiserlichen Feldmarschalls, Prinzen von Coburg. Er erbte nach dem Tode des Markgrafen Friedrich Christian von Baireuth am 20. Januar 1769. auch das Fürstenthum Baireuth. Bei seinem Regierungs-Antritte hatte Anspach 2,300,000, nach andern gar 3,000,000. Thrl. Schulden. Baireuth erhielt er mit 2,400,000. Thrl. Schulden.

Friedrich Christian Carl Alexander, 1757 — 1792.

Durch seine große Sparsamkeit aber erübrigte er alle Jahre 300000. fl. und schon im Jahr 1780. war die Hälfte der Baireuther Schulden gezahlt, und bei seinem Abtritt verließ er seine Lande fast ganz Schulden frei. Dieses bewürkte er theils aus den Einkünften der Grafschaft Sayn-Altenkirchen, theils aus dem Sold, den er, für die Vermiethung seiner Unterthanen von den Holländern und Engländern zog, und theils aus den erübrigten Landes-Einkünften.

Friede zu Teschen Da er kinderlos lebte, so wollte das Oesterreichische Haus dem Churbrandenburgischen Hause das Recht streitig machen, diese beiden Fürstenthümer wenn sie nach dem Tode des Markgrafen ohne männliche Nachkommen an dasselbe fallen würden, zur Primogenitur zu ziehen. In dem Frieden zu Teschen vom 13ten Mai 1779. verpflichtete sich aber das Oesterreichische Haus, daß es nicht verhindern wollte, diese beiden Fürstenthümer mit der Erstgeburt des Königlichen Churhauses Brandenburg zu vereinigen, oder andere beliebige Einrichtungen und Veränderungen darinnen zu treffen.

Verdienste um seine Lande Markgraf Alexander hat sich übrigens um seine Lande viele wahre Verdienste erwor-

erworben. Ohngeachtet er dieselben von der drückenden Schuldenlast befreiete, verwandte er doch noch 1,200,000. fl. zum Nutzen derselben, während seiner Regierung. Unter andern vermehrte er den Erlanger Universitäts-Fond durch eine Schenkung von 78000. fl. und den Anspacher Gymnasium Fond durch 6000 fl. Er brachte übrigens in Justiz- und Polizei-Sachen viele Verbesserungen an, so wie auch in Kirchensachen und Schulen. Er kaufte für mehr als 300,000. fl. Güter und Real-Rechte als Deberndorf, Moschendorf, Trebgast, Rochensack, Bembach und Colmdorf. Seine ganze Verschwendung bestand in den Reisen, die er nach Italien, Frankreich und andern Ländern machte.

Am 18ten Februar 1791. verließ seine vortrefliche Gemahlin, zu allgemeiner und aufrichtiger Betrübniß aller ihrer Unterthanen, deren Mutter und Wohlthäterinn sie während ihrer ganzen Regierung gewesen war, diese Welt.

Tod seiner Gemahlin

Er tritt die Regierung an dem König von Preußen Friedrich Wilhelm II. ab.

Noch in eben diesem Jahre entschloß sich der Markgraf, wegen Ueberdruß an den Regierungs-Geschäften, seine Lande, noch bei seinen Lebzeiten, dem Königlichen Churhause Brandenburg abzutreten, an welches sie, nach seinem Tode ohnedem würden gefallen seyn. Diesen seinen Entschluß machte er am zweiten December 1791. von Bourdeaux aus seinen Unterthanen öffentlich bekannt, worauf der König am 5. Januar 1792. ein öffentliches Edict ergehen ließ, darinn er erklärte, daß er sich entschlossen habe, nach den Brandenburgischen Erbverträgen, die ihm von dem Markgrafen abgetretene Regierung der beiden Fränkischen Fürstenthümer zu übernehmen.

Hierauf erfolgte am 28sten Januar die feierliche Huldigung der sämtlichen Fürstlichen Beamten, welche der König durch den geheimen Staatsminister, **Herr von Hardenberg** Freiherrn von Hardenberg einnehmen ließ. Dieser vortrefliche Mann, dessen

Verdienſte von den Baireuthern und Anſpachern allgemein anerkannt werden, wurde von dem Könige zum dirigirenden Miniſter in den beiden Fürſtenthümern beſtimmt, und ſucht dieſelben durch ſeine weiſen Veranſtaltungen immer glücklicher zu machen.

Errata.

Pag. 2. Z. 14. steht sklavisch für slavisch
" " Z. 5. von unten auf für nach.
" 10. Z. 2. von unten Norimbergensis für Norimbergensi.
" 13. Z. 5. von unten nach Comicia das a weg.
" 14. Z. 2. Burggrafthams für Burggrafens.
" " Z. 16. verlangten für verlegten.
" 32. Z. 6. von unt. Kärnthen für Orlamünda.
" 33. Z. 16. nach Venedig streiche und weg.
" 49. Z. 3. Kueusel für Knrusel.
" 50. Z. 11. Altenburg für Altenberg.
" 51. Z. 6. Hoffmann für Hoffmann.
" 58. Z. 5. Buonavento für Buoncovento.
" 62. Z. 4. von unten Vor Kuhenmaul statt Vor diesen Kuhmaul.
" 68. Z. 3. Grundelfingen für Gundelfingen.
" 72. Z. 4. 1358. für 1357.
" 79. Z. 6. von unt. Rochi für Rothi.
" 81. Z. 9. v. u. Hißberg für Hirßberg.
" 82. Z. 8. von unten Ferinden für Ferieden.
" 83. Z. 12. Tauff für Stauff.
" 86. Z. 3. 1358. für 1357.

Pag. 87. Z. 3. von unten Reichshistorie für Reichsarchiv.
- 93. Z. 9. von unt. 1363. für 1563.
- 94. Z. 1. Marckendorf für Merckendorf.
- 96. Z. 9. Richau für Rehau.
- 99. Z. 10. v. unt. von für nun.
- 103. Z. 7. von unt. Pfaffensäcke für Pfeffersäcke.
- 115. Z. 15. v. u. vor Heinrich streiche an weg.
- - Z. 4. v. unt. der für die.
- 119. Z. 4. v. u. Vicomte für Visconti.
- 120. Z. 8. von unt. Entsen für Entser.
- - Z. 5. von unten Gailnarm für Gailnave.
- 142. Z. 1. von unt. 150. für 15.
- 149. Z. 9. von unt. Pfaffensäcke für Pfeffersäcke.
- 154. Z. 11. von unt. Länder für Brüder.
- 160. Z. 13. neue für neun.
- 164. Z. 16. v. u. Welbboth f. Waldboth
- 168. Z. 5. Geisel wieder für Geiselswind.
- 179. Z. 8. von unten Harnesischen für Harrasischen.
- 183. Z. 3. v. unt. Zopotia für Zapolia.
- 187. Z. 11. Gnötgen für Gnötzen.
- 193. Z. 1. Zopotia für Zapolia.
- 196. Z. 13. von unten causae für causa.
- 201. Z. 12. nach Summe setze auf hinein.
- 202. Z. 9. v. u. nach resp. setze sub hinein.

Pag. 219. Z. 10. Rachlitz für Rochlitz.
„ 235. Z. 7. Straßner für Straßern.
„ 237. Z. 5. verlangter für erlangter.
„ 245. Z. 7. muſte für reiſte.
„ 252. Z. 13. Feltendorf für Fellendorf
„ 257. Z. 2. von unten Frankreich für Franken.
„ 258. Z. 4. Bambry für Lamboy.
„ „ Z. 1. von unt. Lambry für Lamboy
„ 289. Z. 12. verbrannt für verbannt.
„ 292. Z. 1. von unt. immer für einen.
„ 308. Z. 10. Feburar für Februar.
„ 313. Z. 9. Wilhem für Wilhelm.

Kleinere Fehler, worunter beſonders oft m für n und umgewandt vorkömmt, ſo wie ausgelaſſene Commata und dergleichen Fehler wird der geneigte Leſer ſelbſt verbeſſern.

I. Geneas

www.ingramcontent.com/pod-product-compliance
Lightning Source LLC
Chambersburg PA
CBHW030311240426
43673CB00040B/1126